凤凰师轩
FENGHUANG SHIXUAN

行知工程 Education 精彩课堂系列

让学生亲历知识

——主体参与下体验式学习的实施策略

何世祥 著

RANG XUESHENG QINLI ZHISHI
ZHUTI CANYU XIA TIYANSHI XUEXI DE SHISHI CELUE

江苏凤凰教育出版社
Phoenix Education Publishing, Ltd

图书在版编目（CIP）数据

让学生亲历知识：主体参与下体验式学习的实施策略/何世祥著. —南京：江苏凤凰教育出版社，2015.12

ISBN 978-7-5499-5596-1

Ⅰ.①让… Ⅱ.①何… Ⅲ.①中学—教学研究 Ⅳ.①G632.0

中国版本图书馆 CIP 数据核字（2015）第 320342 号

书　　名　让学生亲历知识——主体参与下体验式学习的实施策略
作　　者　何世祥
责任编辑　雷利军　李媛媛
出版发行　凤凰出版传媒股份有限公司
　　　　　　江苏凤凰教育出版社（南京市湖南路 1 号 A 楼　邮编 210009）
苏教网址　http：//www.1088.com.cn
照　　排　北京世纪鸿文制版技术有限公司
印　　刷　三河市九洲财鑫印刷有限公司
厂　　址　河北省三河市灵山大口
开　　本　787 毫米×1092 毫米　1/16
印　　张　11.5
字　　数　183 千字
版　　次　2016 年 4 月第 1 版　2016 年 4 月第 1 次印刷
书　　号　ISBN 978-7-5499-5596-1
定　　价　30.00 元
网店地址　http：//jsfhjycbs.tmall.com
邮购电话　025-85406265,85400774　短信　02585420909
E - mail　jsep@vip.163.com
盗版举报　025-83658579

序 言

教育的改革越来越注重内涵发展和品质提升，越来越聚焦于如何把课堂真正还给学生，让学生“在学习”，“真学习”，并通过知识的学习，促进生命的成长。为顺应这种变革，泰州实验中学探索建构“主体参与下体验式学习”课堂教学模式，并通过多年实践，逐渐形成了原创性课改成果，于2013年获得了江苏省基础教育教学成果二等奖，引起了省内外很多专家学者和各级各类媒体的广泛关注。学生们在课堂上主体参与，自主学习，小组合作，共同研讨，真正体验到了学习的快乐，展示着生命的拔节成长。

主体参与下体验式学习，基于何世祥校长的团队对知识观的理解。长期以来，旁观者知识观占据主导地位，填充式的教学成为学生主要的知识获得路径，于是学生对知识的学习就是被动的、冰冷的、枯燥的、破碎的。随着课改的推进，人们逐步认识到知识的本质特点，如结构化，特别是通过知识建构打通已知与新知的联系；迁移性，随着应用与实践，知识在新的情境中能够解决问题，以至有所创新；洞察力，悟性、直觉成为重要的思维方式，学习者能够对知识进行判断、选择、反思、批判；移情，学习者能够体验知识中的情感因子，认可、内化知识中的价值观念。“旁观”“被动”的学习已经完全不能触摸、理解、掌握这样的知识，“主动”“参与”“体验”的学习方式应该得到高度重视和认真实践。

主体参与下体验式学习，基于何世祥校长的团队对学习观的理解。因为知识观的深刻变化，学习观自然就会随之改变，让学生“在学习”，就是要让学生成为学习主体；让学生“真学习”，就是要让学生自主独立地思考；让学生“生长式学习”，就是要倡导生生合作、师生合作，在主体间的相互激荡中有效获得。体验是在对事物真切感受和深刻理解的基础上对事物产生情感并生成有意义的活动，体验式学习是基于问题的学习，以积极的情感体验和深层次的认知参与为核心的学习方式。从泰州市实验中学的探索实践看，体验式学习方式的实施，大大激发了学生的学习兴趣，提高了学生的学习效率，增强了学生的团队意识、实践能力和创新精神。在这样的学校里，学生体验到的是别样的幸福。因为，这样的校园到处流淌着融汇知性教育与诗性教育的“奶”和“蜜”。

主体参与下体验式学习，基于何世祥校长的团队对学习环境观的理解。教学的四要素为学生、教师、教材、环境，但在传统教学中，环境这个要素被忽略不计。现在的知识观、学习观越来越关注环境与情境对学习主体的激活作用。泰州实验中学学生的学习生活就给人这样的感觉。为了体现学生活泼的天性，有可学习、体验、感悟的机会和平台，学校除了在课堂上要求教师创设体验情境进行教学外，还建起了融成果展示厅、机器人与电子百拼等工作室于一体的“创新教育体验室”，集“生命教育、生活教育和生存教育”于一身的“生命教育体验馆”，还有包含中草药种植百草园、标本制作室、中药鉴定室、中药炮制室、化学制剂室、医药文化研究区等在内的“医药生态园”综合实践课程基地，并在校外开拓了中国医药城的医药研发中心、中国人民解放军海军诞生地纪念馆、“远望二号”航天远洋测控船等实践基地。

主体参与下的体验式学习，基于何世祥校长团队对学校发展战略的理解。泰州实验中学是一个基础薄弱的学校。这样的学校选择什么样的路径发展？这是一个老问题，但因为往往得不到有效解决，也是一个新问题。何校长他们从立德树人的高度出发，着眼于培养具有主体精神和主体能力的一代新人，他们又把这样的目标具体化，寻找实现的途径。他们组织文化建设共同体，让师生全员全程参与，以实现文化共生，教学相长；又通过具体的实施策略，在校园的每一个角落烙上“主体参与”的文化标记，以让师生内化于心，外化于行。这里体现着教育工作者的初心、良心，体现着他们对教育理想的追求。教育是一个放飞理想、追逐梦想的事业。理想有时未必能够完全实现，但并不能因此将理想都视为空中楼阁，我们需要“就事实生理想，凭理想正事实”。在实现教育理想的道路上，泰州实验中学的教学改革实践为我们提供了一个值得借鉴的成功案例。对于当下的教育，人们有着太多的哀声叹气和太多的随波逐流，而这些又有什么意义呢？大概只会加重令人窒息的应试雾霾，恶化令人惆怅的教育现实。教育的发展需要理想情怀，需要一点一点地从脚下起步，坚韧不拔地负重奋进。本书是泰州实验中学7年课改经历的一个缩影，记录了他们从教学模式到学习方式不断改革前行的探索轨迹，凝结了他们的激情与智慧。这里有对理论的阐述、经验的总结，有切实可行的操作模式、真实可信的实践案例，有对现存问题的分析、未来发展的思考。虽然思考的深度、理论的高度都有些许欠缺，但是他们认真的程度、追求的态度却是毋庸置疑的。这种一步一个脚印跋涉前行的精神，更是值得嘉许的。

新一轮高中课改即将到来，核心素养成为人们关注的重点，核心素养代表了一系列知识、技能和态度的集合，主要指学生应当具备的能够适应终身发展和社会发展的重要品格和关键能力。学生核心素养的形成主要通过知识学习，但这种知识学习肯定不是被动接受式的。主体参与下的体验式学习，让学生亲历知识、学会知识、共享知识、运用知识，有助于学生核心素养的养成。何世祥校长的探索与实践一定会带给我们有益的启发。

杨九俊

2016年2月

（杨九俊，江苏省教育学会会长，江苏省教育科学研究院、江苏第二师范学院研究员，语文特级教师。）

目 录

缘　起

一、创新主体参与课堂模式

泰州实验中学是位于江苏省泰州市主城区南郊的一所生源素质极为普通的完全中学，高中生的入校录取分数线为市区最低。学生的知识基础差，学习习惯差，厌学情绪严重……生源状况严重影响了学校的教育教学质量，同时，教师的教学状况也不容乐观。在“你提高学习成绩的主要途径有哪些?”的调查中，80%以上的学生都认为，要通过多做作业和练习题，多考试或请家教等来提高学习成绩。教师也认为，若不通过加班加点反复训练，学生的学习成绩便难以提高。这样的教学，这样的态度，直接加重了学生的负担，使学生产生了厌学情绪，也使师生关系变得紧张。

经过调查研究，我们发现，出现这种状况有三方面原因：一是教师习惯于传统教法，一讲到底，不讲心里就没底；一做到底，不做到高考题心中也没底。二是学生在课堂上不主动，不积极，体验不到学习成功的乐趣。三是教师对学情不够了解，找不到学生学习的起点，仅凭感觉和主观经验上课；对课堂教学目标的确定缺乏针对性，要么大而无当，遥不可及，要么散乱细碎，唾手可及；教学过程扁平化，只告诉学生结论，不讲清过程，使学生变成了知识的容器。针对这种现状，学校一班人下定决心改革课堂教学，从而提高课堂效率。

1. 更新教育理念，树立正确的教学观

《基础教育课程改革纲要（试行)》明确要求，教师在教学过程中应与学生积极互动、共同发展，要处理好传授知识与培养能力的关系，注重培养学生的独立性和自主性，引导学生质疑、调查、探究，在实践中学习，促进学生在教师的指导下主动地、富有个性地学习。

我们首先重视转变教学观，牢固确立以人为本的思想，切实将教学的立足点从“教”转到“学”上来，将学生的进步和发展作为评价教学活动的唯

一标准。即使教师讲得再多，再难，再深，再精彩，即使我们付出再多的努力，如果不能引起学生学习的进步和思维的发展，这样的教学也只能是低效甚至是无效的。在教学管理过程中，我们不仅用这样的观念来观察学生阶段性考试成绩的变化，更用这样的观念来指导、评价、分析每一个教案、每一节课、每一次练习、每一次辅导。

2. 建构模式，引领学生主动参与

首先，准确定位学生学习的起点和终点。我们在进行课堂教学改革时，要求教师在备课时一要重视学生学习的起点，即学生的学习基础，二要重视学生学习的终点，也就是学生所能达到的最终目标。我们通过教研活动、检测、沙龙讨论等多种方式，组织教师对课程改革的最基础文件（课程标准、新教材、教学要求、考试说明、高考试卷等）进行了认真学习。在准确定位学生学习的起点和终点的基础上，我们在课堂教学中，通过学生的讨论和交流，让学生主动参与学习，使他们的思维过程得以呈现，使学习的疑点、难点得以暴露，教师再根据学生生成的问题来进行有针对性的教学，使教学的有效性得到很大提升。

其次，优化教学流程，建构教学模式。通过研究洋思中学、杜郎口中学的课堂教学模式，我们发现它们在本质上都有共同的特点：坚持把以学生为主体的理念体现于课堂教学的全过程，无论是课前预习还是课上分组讨论，总有学生个体主动学习和小组互相学习的过程，让学生在学习过程中能够体验到人的尊严；教师的教学不再是单纯预设的，而是在课堂上生成的。

我们优化后的教学流程如下表所示。

主要流程	要　求
当堂检测（了解基础）。	测后简评。（第 0～5 分钟）
展示本节课学习目标，明确要求学生掌握的基本内容。	学生：如有问题及时请教教师或同学。 教师：提示本节课的教学要求，及时关注课堂生成性问题，进行个别辅导，将共性问题记录在案。（第 5～20 分钟）
师生共同探究。	学生：① 分组学习，组内交流；② 小组共性的且组内不能解决的疑难问题提交全班共同解决。 教师：① 创设问题情境，启发学生学习，激励学生大胆质疑，激发学生学习兴趣；② 组织小组合作学习活动，重视课堂上生成的新问题；③ 师生合作解决学习中生成的问题；④ 课堂小结。（第 20～40 分钟）
课堂检测，布置作业。	检测本节课所学内容（按要求控制作业量）。（第 40～45 分钟）

接着，我们以政史地组为改革试点，率先进行主体参与课堂教学模式的改革实践尝试。

主体参与课堂教学模式的目的是把课堂还给学生，把时间交给学生，让每一个学生都参与，让每一堂课都有师生互动。其一般程序为目标引导—小组合作—质疑答疑—当堂巩固，当然，针对不同课型也会有所变动。其特点是关注全体学生，关注学生的全部问题；给予充足的时间让学生主动思考问题；给予学生进行小组研讨、在全班质疑问难和发表见解的机会；对学生进行二次检测（变式题检测）。

主体参与课堂教学模式既继承了传统教学，又解决了传统教学中的许多问题，与传统的课堂教学之间是批判与继承的关系。具体来说，第一，它继承了传统课堂教学中的教师的主导性，重视其“教”的功能；第二，它充分激发了学生的学习兴趣，变被动学为主动学、乐意学；第三，它重视课堂教学过程中生成性问题的解决；第四，它让教师更了解学情，促进了教师的问题应对水平和应对能力的提高。

总的来说，主体参与课堂教学模式的形成过程可归结为五步。第一步，调查研究。调动广大教师的积极性，使他们开展调查研究，反思教学行为，想方设法地寻找问题，并提出解决方案。第二步，对比分析。发动教研组全体教师参与，人人献言，个个献计，对比各种方法。第三步，积累经验。进行对比后，形成方案，反复实验，积累经验。第四步，形成定案。不断修正方案，验证方案，形成学校的执行方案。第五步，总结推广。从高中政史地三门学科入手，形成“政史地模式”后，总结成功经验，向其他学科推广。

3. 调整政策，保障主体参与课堂教学模式的实施

我们通过评优、观摩、送课等形式，激发广大教师的研究兴趣，激励教师主动参加。为了与主体参与课堂教学模式配套，学校对原有的《泰州实验中学教科研管理条例》《泰州实验中学优秀教研组、备课组评审条例》《泰州实验中学基本功竞赛条例》《泰州实验中学公开课、研究课等管理条例》等进行了修改与补充，予以制度上的保障。

学校还专门制订了每月一次的教研组组长例会制度和每周一次的教研组业务学习制度，专题研究教学模式的实施情况，还利用全体教师业务学习、教研组业务学习、集体备课等机会，对教师进行宣传、发动、培训和鼓励工作。

同时，学校实施了《泰州实验中学任务型早晚读要求细则》《泰州实验中学试卷练习命制要求细则》《泰州实验中学作业练习批改要求细则》《泰州实验中学教案学案要求细则》等制度方案，以便对教学各环节进行有效管理。

4. 实践检验，改革取得初步成效

一年多来，由于推进课堂教学模式改革，学校发生了许多可喜的变化。

从教师方面来说，以教研组为单位的主体参与课堂教学模式实践，使教研组与教研组之间形成了竞争态势，提高了教学效率；学生的主体参与极大地增强了教师的工作成就感；学校出现了许多教师主动请校长听课、主动实践新课堂教学模式的现象；教学研究已成为教师的自觉行为；备课已不再是教师的工作负担；课堂上学生经常提出一些教师难以一下子回答的问题，促进了教师的教学反思；教学常规工作井然有序，教师的工作积极性前所未有地高涨；午休时在办公室常有很多教师与学生就教学问题谈心。

从学生方面来说，主体参与课堂教学模式使学生全员参与，使不同认知水平的学生都有收获，对所有学生的学习均有帮助，尤其适合基础较差的学生，摆脱了传统课堂中教师只关注学优生（尤其是高三）的尴尬局面；学生的参与意识、合作精神、学习方式发生了革命性的变化，学生在校的幸福指数也比之前上升了20多个百分点。

主体参与课堂教学模式还解决了集体备课形式化、备课笔记教条化、课堂教学低效化、早读晚读盲目化等一系列低效、无效甚至负效的教学环节问题。主体参与课堂教学模式让教师之间的人际关系越来越融洽，价值取向越来越一致，思维越来越活跃。

同时，课堂评价方式也发生了变化。一节课的优劣不再只靠“评委”的感觉来评定，而是增加了自命题随堂检测环节，靠学生的检测数据说话。本学期的示范课还增加了相关班级的一组学生做“评委”，其评分比重占40%，在评价标准表中明确了“上课多个学生不参与或开小差”“上课教师对学生不耐心，不鼓励，不肯定，不引导”“上课总是让少数或个别学生发言”“上课没有当场练习，或练习了不收取、不处理”等多个单项不得分的项目。

实施主体参与课堂教学模式后，家长普通反映子女发生了变化，孩子回家后与家长的交流多了，家长的满意度提高了。

到目前为止，学校主体参与课堂教学模式已形成了校长、书记带头实践，各学科齐头并进的良好态势。我们的目标只有一个，就是关注每一个学生，让每个学生都参与，都变化。今后，我们将继续全面实施主体参与课堂教学模式，加强对课堂的全程监控，在实践的基础上不断总结提高，不断完善方案，通过改革课堂教学，提高教学效益。

二、建构主体参与课堂教学文化

一直以来，新课程改革下的课堂教学都呈现出重形轻质的倾向，课堂关注的不是全体学生，学生的主体作用很难得到真正的发挥，学生的能力并未真正全面提升。而主体参与课堂教学模式不仅可以推进新课程改革，而且能够建构新型课堂文化。但模式不是课堂的唯一追求，因为它可能会僵化，在应对教学实践中已经存在和不断出现的诸多问题上不可能一劳永逸，因此将模式内化为每个师生的内心追求，形成主体参与的教学思维和教学行为习惯，进而建构主体参与课堂教学文化才是课堂教学的最高境界。然而，要建构主体参与课堂教学文化，就必须注意以下几个方面。

1. 掌握主体参与课堂教学文化的深刻内涵

主体参与课堂教学模式是由一些相对固定的教学环节组成的：课前自主学习—课堂目标导入—建构知识框架—小组合作探究—师生互动研讨—师生总结提升—当堂检测反馈—课后自由发展。每一个环节都强调学生的主体作用和主动参与，突出学生的质疑答疑和课堂的问题生成，教学过程在学生发现问题、探究问题和解决问题中进行，其核心是让每一位学生都能在课堂上主体参与，其操作要素之一是以备课组为单位的教学案。

主体参与课堂教学环节在学校实施的强制执行阶段只是一种课堂模式，在常态实施之后就转变成学校的课堂风格，在师生常态互动参与后，又使模式成了习惯，使参与成了期待，使每个学生的质疑答疑都成了课堂生成的关注点，主体参与课堂教学文化由此产生。它在形式上体现的是每个学生的动脑、举手和开口，在方式上体现的是师生和生生之间的辩论、讨论和答疑，在模式上体现的是教学案的常态使用。

在模式与文化的关系上，一开始模式是需要行政力量强制推动执行的，在执行过程中再不断完善，继而演变为一种师生潜意识的课堂习惯和课堂思维，最终形成一种超越模式的精神理念和文化。

加拿大学者哈格里夫斯和迈克·富兰曾指出，文化的变革支持着促进学生学业成就提高的教与学的过程，是影响教和学的重要因素。主体参与课堂教学文化就是顺应这一理念的教学思维、价值观念，它契合新课程重过程、重体验、重探究的基本理念，根据学科发展的内在逻辑和学科教学规律，结合学生的认知特点，采用对话、互动、生成型的教学方式，倡导自主、合作、探究式的学习方式，强调人文关怀，唤醒学生的主体精神，充分发挥教师的引领作用，重视课堂教学的每一环节和每一细节，关注并解决学生的课堂问题生成，培养学生的自主意识、创新意识，促进所有学生的终身发展。

主体参与课堂教学文化是教师专业发展和学生学业发展的精神土壤，师生自觉汲取这一文化的精神品质，积极将其融入对学科教学的内容、途径、方式等方面的改造中，从而大幅度地提高学科教育质量和学生整体素质。

2. 领会主体参与课堂教学文化的基本特征

课堂教学活动是具体、感性、实在的教学实践，课堂教学文化不是课堂教学活动本身，但对课堂教学活动具有根本性的影响。福建师范大学余文森教授认为，课堂教学文化是课堂教学的土壤，是课堂教学存在、运行和发展的元气，是课堂教学的活力之根和动力之源。主体参与课堂教学文化是以生为本、关注参与、重视体验、强调实效的课堂文化，它有着以下清晰的文化烙印。

(1) 从知识复制到创造、创新

德国教育家克拉夫基指出，衡量一个教学计划是否具有教学质量的标准，不是看实际进行的教学能否尽可能与计划一致，而是看这个计划能否使教师在教学上采取教学论上可以论证的、灵活的行动，使学生创造性地进行学习，借以为发展他们的自觉能力做出贡献——即使是有限的贡献。

主体参与课堂教学文化改变了学生对知识的简单复制，使学生在课堂上不断动脑，开口，质疑，答疑，变被动的知识记忆为主动的知识探究和话题思辨，从主要学习知识向学习知识、发展能力、体验过程、创新创造并重的方向转变。同时，使教师由追求知识的完整性、全面性到更加关注学生的课堂生成和学生的性格、人格的健全，由注重知识能力的培养到更加关注学生的心理需求和精神成长，由传统共性和整齐划一的教育到更加关注学生的不同需求和创新精神。

(2) 从单一接受到对话、交互

华东师范大学叶澜教授说过，课堂教学蕴含着巨大的生命活力，只有师生的生命活力在课堂教学中得到有效发挥，才能真正有助于新人的培养和教师的成长，课堂上才有真正的生活。因此，我们提倡的课堂教学文化不是建立在命令和控制的基础之上，而是建立在心的交流和思维的碰撞之上的，参与的主体是学生，参与的方式是主动。我们强调人本主义、生本主义、人文关怀，要求师生之间进行平等对话和交互研讨。

(3) 从课前预设到生动、生成

课堂教学过程不是教师教案的再现，预设固然重要，但在精心预设下有精彩生成的课堂才是最完美的。我们提倡教师发挥自己的智慧和特长，精心设计教学环节，选择恰当的教学方法，为学生创设最佳的学习情境，拓展其思维空间，把学生置于教学的出发点和核心地位，应学生而动，应情境而变，应差异而活。如果每一个学生在课堂上都想弄清自己不懂的问题，都想问出别人不会的问题，这种课堂一定是精彩的课堂和问题生成的课堂。

(4) 从关注个别到全程、全员

传统课堂上，教师一般只关注成绩优异的学生和破坏纪律的学生，这是为了应试教育和课堂稳定，是浅层次的课堂。现在，课堂上教师必须重视全程，关注全员。全程是指整个课堂学习过程，全员则强调在课堂预设问题和生成问题上每个学生都有所质疑和释疑。主体参与课堂教学使教师不知道学生会对哪个问题发问，不知道学生会在什么时候发问。为了关注每一个学生的发展，教师还必须调控学生质疑、答疑的次数，使每个学生都能始终处于积极的思考和表达之中。关注全体，关心每一个学生是需要一种教学文化来支撑的，这种文化正是主体参与课堂教学文化。

(5) 从书本资源到课程、生活

捷克教育家夸美纽斯在《大教学论》中指出，“无论什么东西不可单因它在学校里有价值去学习，要因它在生活上有用才可学。这样一个学生学的知识，才不至于一出学校立刻就消失了”。课程资源除了来自于对书本知识和学科知识的二次开发外，还来自于对学生生活经验的挖掘，而且应服务于实践，否则资源再好对学生来说也毫无意义。主体参与课堂教学要求学生在课前都能按照教师的要求进行自主学习并提出问题：有些问题需要学生从对知识的概括总结中提炼，有些问题需要学生从网络中收集、整理，有些问题需要学生从生活实践和相关实验中得出。为了课堂上的主体参与，有些学生还会结合课堂感受和课外实践体验来表述自己的观点。久而久之，课堂上人人想参与，人人能参与，人人有准备，课堂就成了波澜壮阔的活水，主体参与课堂教学文化就会自然生成。

3. 重视主体参与课堂教学文化的建构路径

(1) 营造宽松和谐的平等文化氛围

主体参与课堂教学文化努力建构平等民主、自主探究、注重人格精神的课堂文化，竭力主张课堂上的师生平等、生生平等，给予学生多维、开放的自主学习探究空间，从而引导其获得知识、提升能力、形成正确的价值取向。

这一课堂教学文化提倡创设问题探究的情境，鼓励学生带着问题，怀着研究热情，借助小组同伴和教师的力量，模拟科学研究的过程，去探求知识的形成，拓展知识的应用。这一过程中的师生平等主要表现在教师尊重学生的不同意见，绝对保证学生能畅所欲言；发言的机会不是给予个别学生，而是给予所有学生；只纠正错误观念而不批评任何有错误观念的人；多使用激励性语言，对少数害羞的学生可以采用书面形式表达鼓励；提前通过网络公布课堂讨论题目，便于害羞或不善言辞的学生有充分准备，也便于学生自主收集、整理资料。

(2) 锤炼教学环节，形成行为习惯

学校教学的单元组织一般是教研组。主体参与课堂教学文化在各个教研组的呈现可能不尽相同，教研组各位教师在课堂上的教学习惯和教学风格也不一样。要建构主体参与课堂教学文化，应允许各教研组的侧重点有差异，如英语教研组体现对话—实践型课堂文化，理化生教研组体现实验—互动型课堂文化，数学教研组体现问题—生成型课堂文化，语文教研组体现自主—探究型课堂文化，音体美教研组体现合作—竞争型课堂文化，综合实践活动教研组体现参与—体验型课堂文化，史地政教研组体现开放—发展型课堂文化，等等。各教研组应加强研究，对内内化、锤炼教学环节和教学细节，对外让人感受校本教学文化的特色。

主体参与课堂教学模式能体现出既具有模式化又具备灵活性的核心教学环节。要注意的是，注重自主学习中学生自觉的习惯，重在让学生对所学知识有基本认识并能简单运用，激发学生的成就感和乐趣，树立学生的信心；注重目标导入，重在让学生把握学习重点，掌握认知规律；注重小组合作中角色体悟的习惯，重在让每个学生都能主动参与进来，给予所有学生展示自我的机会；注重课堂总结中学生参与的习惯，重在让学生自己建构知识框架；注重当堂检测的实际效果，重在让学生体会当堂所学，学以致用；注重课外延伸中学生探求的习惯，重在让学生拓展视野，培养其实践能力；注重教后反思和学后反思的习惯，重在让师生在反思中共同成长。每一个环节都不是僵化的，每一个环节在不同的教研组中都有着不同的侧重点。这种课堂教学文化会无声地渗透在课堂行为习惯中，教师会更加关注教学过程中的细节并发挥相应的主导作用，如教师对学生质疑中的共性问题及时点拨，对合作“安静区”及时调控，对课堂生成问题及时解决等。

(3) 建立多元评价标准的文化取向

建立多元评价标准的文化取向呼唤我们的课堂教学评价应该由只评价教师的教，向重点评价学生的学转变；由注重“双基”（基础知识、基本技能）和学科能力评价，向既注重“双基”和能力形成，也注重学生在学习过程中情感态度发展的评价转变；由注重对教师教材使用和教学方法选择的评价，向注重学习方法指导和教学媒体有效利用的评价转变。

教师如果能从学生的学习兴趣、生活经验和认知水平出发，倡导体验、实践、参与、合作与交流的学习方式和任务型的教学途径，就能培养学生的自主学习能力、知识迁移能力和综合运用能力，能使学习过程成为培养学生的情感态度、合作意识、社会责任感、创新精神、主动思维能力和大胆实践精神的过程，所以，教师一定要树立正确的教学文化取向。

在主体参与课堂教学文化的氛围里，依据成绩评优不能再成为对学生所做的终结性评判，素质评定、学分累积、课堂参与、实践表现、师生关系等必须成为评价学生的多元载体。在对学生进行多元评价的时候，学校应抓住关键，开展系列活动，促进主体参与课堂教学文化的形成。如评选校园“十佳师生关系”班级和“十佳感恩有余”班级，重视学生自己对自己课堂表现的满意度鉴定，小结学生平时在班务日志上关于与人相处、关心集体、班级活动表现的记载情况等，这些措施都会对主体参与课堂教学文化的建构起到积极的推动作用。

总之，要建构主体参与课堂教学文化，我们就必须要掌握主体参与课堂教学文化的深刻内涵，领会主体参与课堂教学文化的基本特征，重视主体参与课堂教学文化的建构路径，这样才能真正掌握主体参与课堂教学文化建构的策略，才会使学校的课堂教学文化为校园文化增添生机和活力。

第一章

主体参与下的体验式学习

第一节 主体参与下体验式学习的概述

一、主体参与下体验式学习的相关概念

1. 主体参与

主体参与指的是课程学习中，学生主体的主动参与和课堂组织中的生生之间及师生之间的积极参与。它强调在教师的指导下，以学生的发展为中心，注重课前学生的自主学习，课中的小组学习、合作交流、质疑答疑，以及课后的拓展延伸和参与反思，体现师生的主导价值，实现教育教学效率最大化。

2. 主体参与理念

主体参与既是教学模式又是教学理念，能激发学生的学习内驱力和创新意识。主体参与理念体现的是一种教学道德和教学文明，倡导的是课堂上的民主平等、合作主动。主体参与理念是一种对和谐教学的追求，也是一种学校文化的积淀。

3. 体验

从心理学层面界定，体验是指人在实践中亲身经历的一种心理活动，反映出来的是一种感悟，也是对情感的一种体会和感受。它泛指从亲历中获得知识、技能和方法的过程，并在情感上有所体悟。

教育学意义上的体验至少应包括两个层面，即行为体验和内心体验。行为体验是学生亲历的一种动态过程和实践行为，能够促进学生发展，而内心体验是在行为体验的基础上所进行的内化、升华的心理过程。

4. 体验式学习

体验式学习是以反复观察、实践、练习等为手段，让学生通过对情感、行为、事物的内省体察，最终获得知识，掌握技能，养成习惯，形成情感、态度、观念的学习方式。与传统的学习方式相比，体验式学习的根本转变在于以下四个方面：一是从“学中做”向“做中学”转变。体验学习可能使学生在教学实践中获得新知新能，于做中求知。二是从记忆学习向领悟学习转变。体验式学习要求学生更为关注对经验的反思、领悟和总结，强调在掌握知识、技能的过程中，不仅能知道，能行动，而且能从深

刻的反思、内省、归纳、概括等思维活动中获得经验提升，得到个性发展。三是从个体学习向团队学习转变。体验式学习追求个性的选择与团队的合作相结合。四是从单一化学习向个性化学习转变。体验式学习变学生被动、间接的学习方式为主动、直接的学习方式。

5. 主体参与下的体验式学习

在一个充满了主体参与的行为方式、习惯、精神、文化的校园中，体验式学习让学生成为学习的主体，主动参与或置身某种情境、场合，以自身感官为媒介，用所有心智去感受、关注、欣赏、评价某一行为、状态、思想和情感等，从而获得或加深某些知识、技能、情感，进而影响其态度、价值观。主体参与下的体验式学习要求学生在知识与技能、过程与方法、情感态度与价值观方面全程、全方位地参与，以获得情感、认识等真实体验。

二、主体参与下体验式学习的理论基础

1. 国家教育方针

新课程改革无论从改革纲要还是课程标准方面，都对学生的学习和教师的教学提出了“体验”的要求。

《基础教育课程改革纲要（试行）》中提出，教师在教学过程中应引导学生质疑、调查、探究，在实践体验中学习，促进学生在教师指导下主动地、富有个性地学习。

新课程标准指出，各学科教师要结合本学科的特点，加强对过程性、体验性目标的达成，引导学生主动参与、亲身实践，让学生采取探究、模仿、体验等学习方式，使学生的学习成为在教师指导下主动的、富有个性的学习过程。

这些都和体验式学习理论不谋而合。

2. 认知心理学

瑞士认知心理学家皮亚杰认为，教育的目的是造就能创造的而不是简单重复前人所做的事的人。认知心理学认为，人是在活动过程中通过积极主动地掌握社会历史文化经验而促进自己的心理发展的。认知发展研究表明，人的发展是一个在认识和实践中主动发展的过程。

教学过程是一个特殊的认识过程和能动的反映过程，认识起源于主客体方面的相互作用。学生提高学习质量的过程，是其主动接受外部影响的过程，也是其内在主动发展的过程，其中教师的诱导和帮助固然重要，但

更重要的是学生的主体活动——学生积极主动地参与学习过程。

3. 建构主义理论

建构主义理论认为，学生必须主动投入学习，必须在一定情境中与问题互动才能真正理解知识。布鲁克斯的建构主义理论强调以学生为中心，发挥其认知主体作用。新建构主义学习理论认为，个体的学习是对知识的主动建构过程，包括对新信息的意义建构、对原有经验的改造和重组两方面。

4. 人本主义学习理论

罗杰斯和马斯洛的人本主义学习理论认为，学习应以学生为主体、教师为主导，诱发学生自主探究与主动求知。教育应该以学习者为中心，促进学生个性的发展和潜能的发挥，使他们能够愉快地、创造性地学习和工作。教育的最终目标和学习的必然结果应该是使学生成为具有高度适应性和内在自由性的人。

5. 现代学生观

正确的学生观是教师做好教育教学工作和促进自身成长的根本保证。现代学生观包含四个方面的内容：(1) 学生是教学的主体，(2) 学生是具有独立人格的人，(3) 学生是发展的人，(4) 学生是完整的生命体。这要求教师在教学中充分发挥学生的主体作用。

6. 体验式学习理论

20 世纪 80 年代，随着建构主义的兴起，人们对学习的看法发生了根本性的转变。在许多教育学家和心理学家看来，学习是“通过经验转化创建知识的过程，知识来源于经验的获得和转化过程的综合”。美国教育家大卫·库伯也认为，学习不是内容的获得与传递，而是通过经验转化创建知识的过程。他提出了体验式学习理论，并建构了四阶段的体验式学习圈模型。这一模型表明，学习是基于体验的持久性过程，包括具体体验、反思观察、抽象概括和行动应用。具体如下图所示：

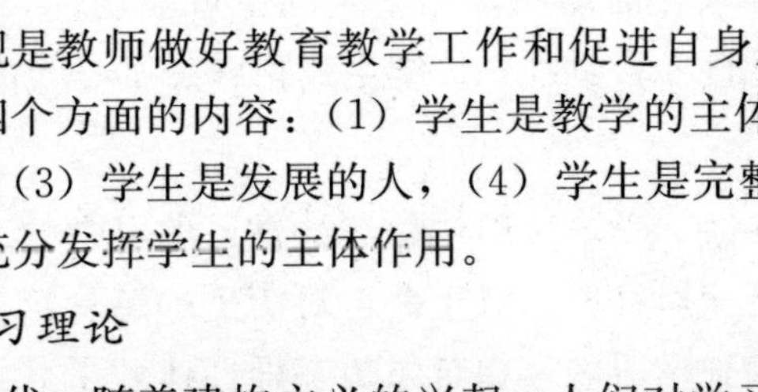

四阶段的体验式学习圈模型

三、主体参与下体验式学习的基本特点

体验式学习不仅强调行为体验，如参观、调查、访问、制作、表演、欣赏等亲身经历的动作过程，更注重心理体验，即在行为体验基础上所发生的认知、感受、领悟的情感内化和升华的过程。行为体验是体验式学习的方法，心理体验是体验式学习的目标，二者是路径与目标的关系。

体验式学习具有五大特征，即实践性、主体性、综合性、开放性和民主性。

1. 实践性

体验式学习以学生主动参与实践活动为基础，使学生在动脑、动手、动口等活动中拓展知识、升华情感、发展能力。

2. 主体性

体验式学习要求在活动中调动学生的主观能动性，发展他们的智力、能力，实现其独立性和自觉性，使学生真正成为学习的主体。

3. 综合性

学生对学习方法、学习过程、学习结果、学习中的人际环境、学习的价值等的体验，乃至对社会、对生命、对历史的感受，都是体验式学习的内容与对象。体验式学习内容和对象的多样性体现了其目标的多元性。它实际上就是学生利用自身的听觉、视觉、触觉和大脑进行学习的综合过程。

4. 开放性

体验式学习注重整合不同的教育资源，如把社会事件搬进课堂，让课堂面向社会，整合社会资源为学习服务；注重运用信息技术，将课堂教学设计成开放的、充满活力的学习活动。

5. 民主性

体验式学习中的师生关系是平等、和谐的。教师可以是指导者，也可以是合作者，还可以是学习者。教学相长的民主氛围不仅可以激发学生的求知欲，还能使学生真切地体验到教师的人格魅力。

第二节 主体参与下体验式学习的研究背景

一、课程改革深入推进需要体验式学习

江苏省的新课程改革已实施近十年，但教学中的被动学习、接受学习、机械训练和死记硬背的状况仍没有得到根本性的改变；新课程改革在各学科内部倡导的自主学习、合作学习、探究学习、体验式学习等学习方式的变革始终难以普及和推广；研究性学习活动的开展没有实现应有的常态；学生的社区服务、社会实践和对信息技术的学习、运用和创新加工等素养没有得到系统性的提升；培养学生的社会责任感、创新精神和实践能力的教育教学方式，只在目标上体现出来，在课程和课堂上却未得到明显的体现。

主体参与下的体验式学习强调学生在“做”中学，重视学生的直接体验，尊重学生的主体性和个性，是以探究体验为主要形式的自主学习活动，是教育新形势下课程文化、教学方式和学习方式的变革。

二、新教材的编写要求倡导体验式学习

实施新课程改革之后，国家鼓励有关机构、出版部门依据新课程标准编写新教材。新教材的任务不仅是传递知识，更重要的是让学生学会学习，学会生活，培养其终身学习的愿望和能力。新教材的编写体系意在通过研究性学习、参与性学习、体验性学习和实践性学习，促进学生的知识与技能、过程与方法、情感态度与价值观的整体发展；通过对不同体验情境的创设，让学生在自主学习中发现问题，在小组合作和师生研讨中解决问题；通过对实验和计算机等的操作、对资料的收集和整合，以及小组或全班范围的成果交流等活动，让学生获得相应的行为体验和内心体验。

三、主体参与课堂教学模式为体验式学习提供支撑

泰州市教育转型发展提出了自主课堂打造、教学方式再建、教学评价变革等要求。我校（泰州实验中学）的主体参与课堂教学模式的实质就是促进学生的自主学习、探究学习和体验学习，该经验多次在省、市级专题

研讨会上交流，近几年，我校举办或承办过 20 多次大型省、市级教学观摩和展示活动，关于主体参与的相关省、市级课题已经结题，为体验式学习的研究提供了强有力的理论和实践支撑。

四、活动性课程的有效实施凸显体验式学习的基本特征

我校于 2010 年成立了综合实践活动课程指导中心，初中部侧重于文化传承课程的开发，如扎风筝和剪纸艺术等，高中部侧重于文化艺术课程的开发，如传媒艺术、摄影、美术、音乐、体育等。目前，我校涉及体验式学习的活动课程包括五门：一是科技创新教育，我校已经连续两年荣获“全国创新教育先进学校”称号，中央电视台还做了专门采访；二是健康体质教育，我校与南京医科大学等高校合作，开发了中医药特色校本课程；三是国防军训教育，这是近年来高一新生入校的第一课，由我校与南京炮兵学院协作开设，已经连续两届获得泰州市大中学生军训会操第一名；四是综合实践活动课程，我校的相关国家级课题已结题，还获得过教育部课题组的表彰；五是环境保护教育，我校已获得“全国环境教育示范学校”荣誉称号。

总之，我们让主体参与不仅成为一种教学模式，更成为一种教育思想和教学道德，在这种理念下，体验式学习的实践研究在我校已经有了一定的基础，相关课题研究已经结题或在进行之中。尊重学生的主体作用，探究学习方式的变革，实施体验式学习是很有价值的探究实践。

第三节　主体参与下体验式学习的研究意义、研究方法和文献综述

一、主体参与下体验式学习的研究意义

第一，就研究对象而言，体验式学习是对学生主体精神的解放，能够实现学生的学习目的，有利于学生的差异发展、个性张扬和能力提升。

第二，就研究过程而言，体验式学习有利于改变学生的学习方式，使学科内外、校内体验式学习与校外社会实践、学生个体的体验与社团活动的合作体验有机地结合起来，有利于教师在教学方式和教学研究上的转型和发展。

第三，就研究结果而言，学生学的方式、教师教的方式及教学评价标准的转变，会导致课程改革的再出发和新的教学革命，从而形成新的课程文化、课堂文化、活动文化和信息技术应用文化。

第四，就研究影响而言，有利于寻求应试教育与素质教育的最佳契合点，有利于课程改革的深入推进，有利于在区域范围内形成广泛的辐射作用，有利于推动学校的校本课程文化和校本教学特色的创新。

二、主体参与下体验式学习的研究方法

对体验式学习的研究主要采用文献研究法、调查研究法、教育观察法、行动研究法、个案研究法等方法，力求形成具有普遍指导意义的研究经验和实践经验。

1. 文献研究法

通过各类途径查阅相关文献，特别是从我校在主体参与课堂教学和综合实践活动等方面已取得的研究成果入手，提出学科内体验式学习模式的建构和学科外体验式活动情境的创设。

2. 调查研究法

采用问卷、座谈、访谈等形式进行主体参与下体验式学习的调查，提高研究的可行性和针对性。

3. 教育观察法

采用定量观察与定性观察相结合的方法，掌握使体验式学习产生多种非预期结果的有效手段，对学生中存在的主体不参与、体验不丰富等现象进行剖析。

4. 行动研究法

分别从学科教学实践、校本课程建设、社团建设及班级团队活动、社会实践等方面进行研究、反思、修正。

5. 个案研究法

选择不同年级、不同类型的典型学生和在体验式学习中有创新的备课组作为个案，建立研究档案，进行跟踪研究，以此来考察师生的成长和发展轨迹。

三、主体参与下体验式学习的文献综述

1. 关于主体参与

国外的主体参与理念源于苏格拉底的“产婆术”。20 世纪初，主体参与教学的研究成为西方教育界的热点问题，最典型的有以下几项研究：(1) 杜威提出了“做中学”的教学思想，将学生看作学习活动的中心；(2) 皮亚杰站在人类认识论的角度，主张应经由一定的情境来激发学生的学习兴趣；(3) 苏霍姆林斯基认为，主体参与就是在教学实践中，教师充分发挥学生的主体性，使其在课堂教学中精神丰富、道德纯洁、体魄完美、审美趣味丰富，成为社会进步的踊跃介入者。

20 世纪 90 年代以来，国外关于主体参与的研究主要是对影响学生主动参与的性别、社会阶层、群体等社会文化因素的分析和对课堂气氛、学校政策的改进的研究，目的是促进边缘生、学困生的课堂参与，保证教育机会均等。

在我国 20 世纪 90 年代，课堂教学中的学生主体参与研究由于人们关注学生的主体性发展而成为一个热点问题。注重学生的主体参与也是国家教学改革的一个重要印记。其中，以叶澜教授主持的“新基础教育实验中主体参与的课堂教学模式”和裴娣娜教授主持的“发展性教学研究的主体参与教学策略研究”为典型代表。

2. 关于体验式学习

“体验学习”一词源于英文 outward-bound，原意为一艘小船离开安全的港湾，驶向波涛汹涌的大海，去迎接挑战。第二次世界大战以后，在英国出现了一种叫作 outward-bound（户外拓展）的管理培训，这种训练以户外活动的形式，模拟真实的管理情境，对管理者和企业家进行心理和管理两方面的培训。由于户外拓展具有新颖的培训形式和良好的培训效果，很快就风靡了整个欧洲教育培训领域，并在后半个世纪中发展到全世界，培训对象由海员扩展到军人、学生、教师、工商业人员等群体，培训目标也从单纯的体能、生存训练扩展到心理训练、人格训练、管理训练等。户外拓展适应了新时代要求的完善人格、提高素质和回归自然的需要，因此使成千上万的人争相去参加，成为素质教育的新形式。20 世纪 60 年代，在美国，户外拓展引发了教育界对采用新教学方法进行教学的兴趣，美国联邦政府教育部迅速将户外拓展融入学校的教育过程中。

户外拓展是一种体验式学习，它注重为学习者提供真实的或模拟的环境和活动，让学习者通过个人在人际活动中的充分参与来获得个人的经验、感受、觉悟，并进行交流和分享，然后通过反思和总结将其提升为理论或成果，最后将理论或成果投入实践应用中。

当代户外拓展奠基人库尔特·哈恩将体验式学习作为一种独立的学习方式进行了开发，他认为，当下的学校并不能完全为学生提供全面成长的机会与空间，学生普遍不懂得感恩，缺乏自信和体谅。20 世纪 80 年代，大卫·库伯提出要从体验开始进行有效学习，然后发表看法，最后进行反思和总结。

体验式学习进入学校学科领域的时间可追溯到 20 世纪二三十年代，当时在美国就已出现过，不少教育心理学家提出了经验学习（experiential learning）的课题。当时的美国教育正像今天的中国教育一样，出现了反传统教育的热潮——反对由教师在课堂上向学生传授课本知识的单一教育模式。美国教育家杜威提出生活即教育、在“做中学”的教育思想，他认为，知识就是经验，而经验就是人与自身所创造的环境的“交涉”。所以，儿童要学习知识、获得经验，就必须与社会、自然有所接触，也就是要去行动。行动是获取真知的唯一途径，只有当儿童主动从事活动，积极地去做时，他才能注意周围世界，探索世间万物之间的联系，才能积极地去思考。杜威强烈地批判传统课堂教学模式，他认为传统教学以前人知识、课堂讲授和教师作用为主，恰恰忽视了最重要的一点——教学过程的主体，即学生本身的社会活动的重要性。人们最难忘的知识往往就是关于“怎样做”的知识，因此，为了使学生获得终身难忘的知识，牢固地掌握技能，教学时应该让学生去做一些事情，而不是让他们静听和静读。

总之，从历史发展的进程来看，只要某一时期的教育不重视生活实践，学生被过多地限制在课堂上，学生的个性发展受到抑制时，人们就会呼吁让学生更多地走出课堂，体验生活，体验社会，以达到完善人格的目的。

在国内，陶行知的“教学做合一”教育思想与体验式学习非常契合。可对全国教育科学“十五”规划进行统计后发现，在 2000 年至 2003 年立项的各类课题中，关于学习方式变革的有几十项，其中大部分涉及的是中小学学生的自主学习、合作学习、探究学习等，关于体验式学习的研究却几乎是空白。涉及体验式学习的研究课题仅有一项，即浙江省湖州市湖东小学（现湖师附小教育集团）盛春荣主持的“体验式教学研究”。这说明，在新课程改革中对体验式学习的研究有待进一步深入。

3. 关于主体参与下的体验式学习

在已收集的相关文献中，我们经过梳理汇总，发现有几个现象值得关注：一是关于主体参与的研究多侧重于对影响学生主体参与的各种因素的探索，很少有如何让学生全体参与、全程参与和全方面参与的策略的研究；二是对体验式教学研究得多，对体验式学习研究得少，重在研究教师的教学方式，而非学生的学习方式；三是把主体参与理念和体验式学习联系起来的研究极少。在学校主体参与课堂教学模式的实施过程中，不断建构主体参与的学校文化，在文化的浸润下进行学生体验式学习转变的研究为本书的独到之处。

第二章

主体参与下体验式学习的组织形式和实施程序

第一节 主体参与下体验式学习的课堂实践

主体参与下体验式学习的课堂，一要基于教师的课堂设计必须符合主体参与的理念，“满堂灌”不能保证学生进行体验式学习；二要基于围绕课堂目标而设计的学习活动能否使全体学生都参与，有学生可以不参与或总是忽视部分学生的参与，都不是成功的实践。

一、体验式学习的课堂操作

体验式学习要靠一定的教学体验模式来支撑，要靠每个学生的主体参与来保障。体验是教师在平时教学中经常运用的方式，如音乐老师教学生唱一首歌，不仅要讲授乐理知识，还要让学生跟唱、自唱，体验同一歌曲不同唱法的声部的不同，学生只有通过自己唱，才能体验到具体乐理的奥妙、歌曲的优美、发音的技巧，才能更深切地体验到音乐的魅力。在体育课和信息技术课上，教师讲授知识也是如此。

以上技术性、操作性强的课程需要学生亲自体验，文科类知识性、情感性强的学科和理科类逻辑性强的学科也有必要运用体验式学习的方式让学生进行学习。比如，磁力线是看不见、摸不着的，通过实验，学生才能体验到这一点。生活中玩过磁铁的学生很容易就能理解磁的同性相斥、异性相吸的现象，其个人的生活体验对知识的理解起到了非常重要的作用。文学作品一般都是作者有感而发，学生对其有一定的生活体验会更容易理解作品，如果教学中进行情景模拟再现，会使学生的理解更深刻。

我校在各类学科教学中都对体验式学习进行了探索。如在化学学科中形成了“操作·验证·反思”的体验式学习，在音乐学科中探索了不同声部轮唱的体验式学习，在政治学科中指导学生进行“小市长”新闻发布会、模拟联合国、公民教育实践活动听证会等体验式学习，等等。

体验式学习不是一个简单的线性过程，而是一个在过程中有循环，循环中有反复，反复中向前进的过程。在课堂教学中，其基本模式包括“具体体验—反思解释—提炼总结—应用检验—即时调整”五个阶段。具体教学模式如下图所示：

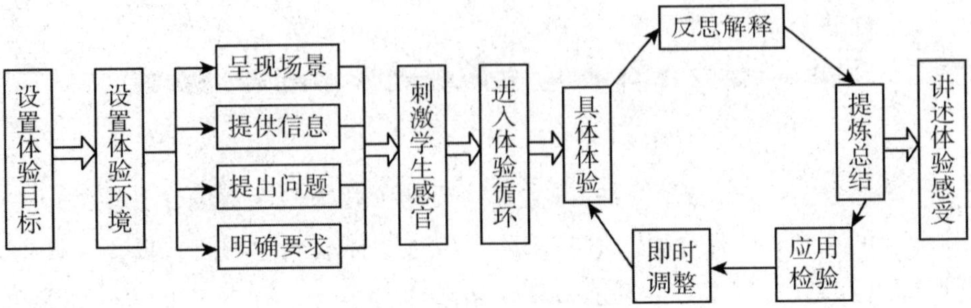

体验式学习教学模式图

二、体验式学习的课堂形式

体验式学习的形式是多种多样的，但必须依据主体参与的教学理念。只有把参与学习当作一种课堂的追求，把每个学生的参与和体验当作每一节课的关注点，把课堂的教学过程设计成学习活动，最终形成主体参与式的课堂文化，体验式学习才能建构并固化下来。换句话说，不要把课堂设计为为了少数学生升学而进行的课堂。体验式学习的课堂形式可以设计成课堂讨论、角色扮演、情景模拟、阅读体悟、视听欣赏、实验操作、演讲辩论、分享交流等。通过这一系列的体验，参与其中的学生就能充分表现出他们对所讨论事物的态度、情感，从而达到较好的学习效果。

1. 课堂讨论中的体验式学习

课堂教学中经常会出现值得深入分析的问题，教师应及时组织学生进行讨论、交流，从而开展体验式学习。其关键是教师应把时间还给学生，让所有学生都主动参与，让学习氛围更加自由，让讨论小组架构得更为科学。学生在讨论、交流的过程中会逐渐形成自己的观点，也会在多种观点的碰撞中逐步丰富、完善自己的观点。

2. 角色扮演中的体验式学习

角色扮演是通过角色和情节展现真实或想象的事件，改变环境的真实度，激发学生的想象，塑造学生的审美观和享受情趣的体验方式。角色扮演可以以多种形式进行，如在政治学科中让学生扮演政府各职能部门的负责人来模拟新闻发布会，英语课堂上让学生扮演记者进行采访活动等，都能培养学生的整体思维能力。

3. 情景模拟中的体验式学习

情景模拟是向学生提供一部分真实或想象世界的高度简化的复制品的体验方式。它可以是对环境的模拟、对事件的复原，也可以是对人物的模仿，学生从中可以获得新的信息、新的认识，并结合过去的体验及已有的经验获得新的见解，而这些新体验又会直接影响学生的学习兴趣和学习效率。

4. 阅读体悟中的体验式学习

在语文或英语课堂上，教师可根据教学内容选择文笔优美、哲理深刻的文章让学生阅读感悟，引导学生写感受、做交流，让学生感悟文章的深刻内涵，从而获得对知识和情感的深刻体会。

第二节　主体参与下体验式学习的课外活动

学习活动不仅存在于课堂内部，也存在于课堂之外。很多研究性学习活动、校外实践活动、社区服务活动、各种社团活动等都能为学生的体验式学习提供参与机会。

一、体验式学习的活动模式

体验式学习为学生提供模拟或真实的环境和活动，让其通过个人在活动中的充分参与而获得经验、感悟，并进行交流、分享，进而通过反思、总结上升为理论或成果，最后将理论、成果投入实践应用中。这一过程可以概括为“活动体验—分享感悟—反思内化—理论总结—实践应用”，依次循环。这五个既互相独立又密切关联的环节组成了体验式学习的活动模式。

二、体验式学习的活动方式

体验式学习的活动方式有很多，主要包括研究性学习、社会实践和社区服务、特色社团活动等。

1. 研究性学习

我校高一、高二年级都正常开设了相关主题的研究性学习课程，引导学生开展专题研究。同时，学科教师也根据自己的学科实际进行研究性学习渗透，引导学生开展学科类研究性学习。围绕校本资源，教师带领学生开展校园河流整治调查、食堂浪费现象调查、手机使用情况调查等活动，让学生通过专家访谈、小组讨论等方式，在体验活动中获得最真实的认知。

2. 社会实践和社区服务

近年来，各校都开展了多项社会实践和社区服务活动，以丰富学生的体验和经历，不断提高学生对家乡的热爱之情、社会责任感和实践能力。我校的品牌活动之一是“温暖您，成长我——走进寺巷镇敬老院社区服务”精神赡养课程，学生“用爱托起老年人的幸福晚年”，这样的活动学校团委每学期都会开展。通过社区服务这一课程，学生能够掌握倾听的技巧，提高与老年人沟通的能力；在与老年人聊天的过程中，学生能够形成自觉尊重他人和主动关心他人的社会责任意识及团队协作的品质；学生能学以致用，增强社会服务意识，并在社区服务过程中体验为社会做贡献的积极情感。

3. 特色社团活动

特色社团活动为学生的体验式学习提供了更为广阔的天地。学生参与一定的主题活动，活动后学生反思，这就构成了一个完整的体验过程，学生在这一过程中得以成长。

我校的“起点时政社”举行了主题为“关于中学生传承传统节日文化的调查研究”的模拟听证会，学生在公民教育实践活动中扮演不同角色，在这一过程中更深刻地理解了中学生传承传统节日文化的重要性和方法。

青年志愿者社团联合校团委、政教处成功拍摄了首部由学生自编、自导、自演的微电影《心岸》。电影通过一个学生离家出走的故事表达了子女对父母的关爱的渴望，使参演和观看的学生在思想上都受到了极大的触动。

第三节 主体参与下体验式学习的特色试验

一、道德体验教育

国家开放大学刘惊铎教授在《道德体验论》一书中指出，回归生活是21世纪学校道德教育改革与发展的价值取向。要建构有吸引力的道德教育，从根本上去除传统道德教育的弊端，就必须让学生回归真实的生活世界。例如，重庆工商大学给大一新生上“算账课”，让每位新生算一算自己每天的花费，借此了解一下父母为这些花费所付出的艰辛。“算账”之后，有的学生禁不住失声痛哭，心灵受到了强烈的震撼，这种“算账”体验产生的德育效果是其他形式的教育无法比拟的。

我校政教处曾经开展了一次道德体验教育活动，名为“我的爱对你说——三八妇女节亲情体验活动”，在全校范围内要求所有学生在妇女节的时候都为妈妈做一件事情，来表达自己的爱意。后来的调查结果显示，几乎每个学生都用心地完成了这份特别的作业。其中有给妈妈洗脚的，有为妈妈唱歌的，有动手为妈妈做礼物的，有帮助妈妈做家务的，等等。活动后，学生最大的感受是，父母的爱渗透在日常生活的点滴小事中，看起来很平常，但当自己去做的时候，才发觉父母的爱是那样深沉，那样伟大。很多家长谈及自己的感受时，说得最多的一句话是“孩子懂事了，长大了”。

其实，教师如果能及时地发现和利用生活中的各种教育资源，多给予学生一些体验的机会，就会让道德教育更生动、真实、可信，这样才会真正触及学生的灵魂。

二、医药生态园体验基地

医药生态园体验基地是我校的一个省级课程基地，它是以“今天你不认识医药，明天医药就认识你”为建设理念和人文共识，以“以人为本、天人合一、调和致中”的中国传统医药文化和现代医药科技为支撑，以全面提高学生综合素养、社会责任感、创新精神和实践能力为目标，以创设新型学习环境为主线，促进学生在实践、体验、探究中提高学习质量，促进师生多元个性发展的综合性教与学的平台。

相对于传统教学，医药生态园体验基地体现了主体参与理念与体验式学习的有机结合，以开发医药生态文化校本资源和建设医药研究创新体验区为基础，着力开展中国医药文化系列研究，覆盖多学科，体现综合性、体验性和实践性，坚持学思结合、知行统一，通过问题中心、主体参与、学科渗透、合作探究、体验感悟的新型课堂，促进师生共同发展。

在这一省级课程基地的建设过程中，我校依托课程基地开展了体验式学习研究，在校内外产生了良好的影响。在课程基地建设中，作为一种行之有效的学习方式，体验式学习的基本环节包括以下五个要素。

1. 亲历

亲历是指由教师创设或模拟一定的情境，让学生单独或小组合作完成或经历任务事件。如中草药的栽培、施肥、除草、收获及炮制等都可以让学生亲身经历。

2. 体悟

体悟是指让学生置身于一定的情境中，感受、分析经历，获得观点。如学生通过上网收集资料来研究中医药文化和中草药栽种技巧，这些都能让他们充满民族自豪感，对中医产生浓厚的兴趣。

3. 共享

学生个体获得的知识和经验毕竟是有限的，如果合作探究后，把自己的成果拿出来分享，每个学生都会得到数倍于己的体验效果。教师要注意问题梯度的设置，多让学生开口，引导学生思考。如学生可以用小组展示、制作展板、QQ空间日志、博客等方式把自己的感受表达出来，并与他人分享。

4. 提升

提升是指教师引导学生在学后反思的基础上，结合相关的学科知识，进行系统的总结、归纳，使认识由感性上升为理性，同时形成积极的思维和价值观。如教师对中草药栽培、收获、制作的知识与技能进行不断总结，一方面增强学生参与的热情和信心，另一方面对学生下一步的体验活动提出改进建议。

5. 应用

应用是指学生在实践中获得知识，再回到实践中指导实践，深化知识。如学生不断完善研究方案，调整研究思路，改进研究方法，从而获得知识和能力的提升，推动实践的发展。

第四节 主体参与下体验式学习的评价标准

长期以来，对学生学习质量的评价都以终结性评价为主，过程性评价则较少，而主体参与下体验式学习的评价方式更注重对学习过程的评价，关注学生学习中的日常行为、学习态度、学习习惯。

与传统的接受式学习不同，在体验式学习过程中，教师不会告诉学生问题的答案，不提供解决问题的方案，而是激励学生自己去寻找答案；遇到情感冲突时，教师运用一定的策略，运用聆听、发问、区分、回应等技巧，鼓励学生调整心态和情绪，最终完成任务。

体验式学习的意义在于让学生更好地发现自我，给学生提供展示自我的机会。体验式学习的价值在于提供真实的学习、外在的挑战、行动的机会及合作的契机。对体验式学习效果的评价主要表现在过程评价、行为改变评价、效果评价等方面，评价主体包括个人、教师、合作者及家长等。常用于体验式学习评价的开放式问题包括这几个：学习之后，哪些行动是有效果的？这些效果是什么？哪些效果不明显，是什么原因？什么行动可以让我们做得更好？让我们做得不好的原因是什么？下一步应该如何调整？等等。

从体验式学习与传统学习的区别也可以反观体验式学习的评价机制，体验式学习的效果评价应涉及以下几个方面。

一、主动学习的广度

在传统教学中，教师上课，学生只需要听讲，记笔记，并不需要与教师互动，也不需要主动去学，而体验式学习要求学生在自主学习的同时必须主动学习。评价体验式学习时，教师应观察学生学习的主动性是否被充分地调动起来，学生有没有认真地感受、操作、发现，是不是自然融入、主动参与。

二、寓教于乐的程度

寓教于乐的“乐”有两层含义：一是指教师要让教学过程生动起来，

使体验过程有吸引力；二是指教师要把学习过程变被动为主动，使学生从不得不学变为爱学、乐学。在这里，“乐”并不单指教师刻意制造的乐趣，更为侧重学生主动去体验乐趣。

三、学以致用的深度

体验式学习给学生提供了应用知识解决实际问题，以及亲历、体验、感悟的机会，让他们理论联系实际，验证书本知识，在发现问题和解决问题中获得新知。

评价体验式学习时，教师应该把学习与运用两个过程相结合，或把学习放入真实或接近真实的情境中，考量学生自己所学习的知识、技能、方法的深度，以及将情感、态度与价值观内化的程度。

四、虚实结合的信度

体验式学习把学习过程置于各种真实或接近真实的生活情境之中。教师在教学时不能忘记模仿是为了更好地创造，要用一种发展的眼光看待模仿，要让学生能够在真实情境下灵活运用它。

评价体验式学习时，主要看虚拟情境在多大程度上接近真实的生活情境。教师要让学生无论是外在环境还是内在心境都能感到自己正处在生活情境中，而并非是安排好了的虚假情境中，要使学生对即将发生的事情无法预料，又必须能马上运用所学知识进行思考、分析和解决，从而在学习过程中获得深刻的体验。

附：

泰州实验中学主体参与课堂教学评价表

学科：＿＿＿＿＿＿　班级：＿＿＿＿＿＿　开课教师：＿＿＿＿＿＿

开课内容：＿＿＿＿＿＿＿＿　开课时间：＿＿＿＿＿＿＿＿

评价项目	具体内容	分值	得分
教学设计	1. 教学案格式规范，能体现二次备课。（5 分） 2. 教学设计上有学情分析。（2 分） 3. 体现新课程理念，教学目标明确，重难点突出。（3 分）	10 分	

（续表）

评价项目	具体内容	分值	得分
课前自主学习与检测	1. 教学案中有课前自主学习环节。（5分） 2. 课前自主学习栏目中设计了需要学生思考的问题。（2分） 3. 设计的思考题着重基础，紧扣教学重点。（2分） 4. 课堂上进行了自主学习检测。（5分） 5. 检测题题量适度，难易恰当。（2分） 6. 检测后教师有效地了解了学生的自主学习情况。（2分）	18分	
小组合作探究	1. 积极组织小组合作探究。（5分） 2. 探究的问题具有典型性、概括性，体现教学重难点。（5分） 3. 探究气氛浓，学生参与度高。（2分） 4. 学生解决问题的有效度较高。（3分） 5. 关注学生生成的问题。（2分）	17分	
师生研讨	1. 积极开展师生研讨、质疑。（5分） 2. 问题设计能体现教学重难点，体现教学的循序渐进原则。（2分） 3. 关注学生的个性问题和共性问题，进行变式和延伸演练。（5分） 4. 正确处理学生的课堂生成问题。（3分）	15分	
总结提升	1. 有效进行本课总结，建构知识结构。（5分） 2. 着重于学法指导、解题思路总结。（5分）	10分	
当堂训练	1. 有当堂训练的教学环节，学生知识掌握效果良好。（5分） 2. 科学编制当堂训练题，难易度符合学情，题量适中。（5分）	10分	
课堂教学组织	1. 使用启发式等教学方法，语言简练，感染力强，各环节过渡自然。（5分） 2. 使用多媒体等多种辅助教学工具恰到好处，不流于形式。（5分）	10分	
作业布置与课后反思	1. 有作业布置环节，题目设计体现校本化。（5分） 2. 有效地对教学环节、教学方法、课堂组织教学等方面进行思考，在教学案上进行书面总结。（5分）	10分	
合　计		100分	

听课评价：____________________　　听课人：__________

泰州实验中学学生体验式学习评价表

评价项目	评价内容	评价标准				评价方式	
		优（5分）	良（4分）	中（3分）	差（2分）	自评	互评
学习态度	1. 学习目标明确，重视对学习过程的反思，积极优化学习方法。 2. 逐步形成浓厚的学习兴趣。 3. 保质保量按时完成作业。 4. 自主探索，自主学习，拓展视野。	积极，热情，主动	积极热情但欠主动	态度一般	较差		
自主学习	1. 自主学习能力强，会倾听、思考、表达和质疑。 2. 有浓厚的学习兴趣，在学习过程中参与度高。 3. 学生之间能采取合作学习的方式，并在合作中分工明确地进行有序、有效的探究。 4. 在学习中能自主反思，发挥求异、求新的创新精神，积极地提出问题和讨论问题。	自主学习能力强，会倾听、思考、表达和质疑	会倾听、思考、表达	学习能力一般，会倾听	学习能力较差，不会思考		
参与程度	1. 认真参加学习活动，积极思考，善于发现问题，勇于解决问题。 2. 逐步提高表达与交流能力。 3. 积极参加探究、建模活动，加强文化学习。 4. 积极参加实践活动。	积极思考，善于发现问题，勇于解决问题，表达能力强	积极思考，善于发现问题，勇于解决问题	能发现问题，解决问题能力一般	参与意识不够积极主动		

（续表）

评价项目	评价内容	评价标准				评价方式	
		优（5分）	良（4分）	中（3分）	差（2分）	自评	互评
合作意识	1. 积极参加小组合作学习，勇于接受任务，敢于承担责任。 2. 加强小组合作，取长补短，一同提高。 3. 乐于助人，积极帮助学习有困难的同学。 4. 公平、公正地进行自评和互评。	合作意识和组织能力强，与别人共同提高，学习效果好	能与他人合作，并积极帮助学习有困难的学生	有合作意识，但总结能力不强	不能很好地与他人进行合作学习		
探究活动	1. 积极体验研究的过程。 2. 逐步形成严谨的科学态度、不怕困难的科学精神。 3. 勇于质疑，善于反思，有创新意识。 4. 善于分析问题，提出有意义的学科问题，撰写探究活动报告。	对事物的性质、规律及该事物与他事物的内在联系达到较深刻的理解	对事物的性质、规律及该事物的内在联系的理解较浅	对事物的性质、规律及该事物的内在联系的理解模糊	对事物的性质、规律及该事情与其他事物的内在联系不能理解		
知识和技能的应用	1. 认真观察学科与日常生活、其他学科的联系。 2. 积极体验学科知识在解决实际问题中的价值和作用。 3. 自觉养成应用学科知识解决实际问题的意识，增强综合应用能力。	能灵活地运用知识解决问题	较灵活地运用知识解决问题	应用知识技能一般	解决实际问题能力较差		

（续表）

评价项目	评价内容	评价标准				评价方式	
		优（5分）	良（4分）	中（3分）	差（2分）	自评	互评
其他	1. 情感态度与价值观发生转变。 2. 学科知识水平有所提升。	学习态度、认知水平有很大提高	学习态度、认知水平有较大提高	学习态度、认知水平有些提高	无明显发展特征		
综合评价	小组评价等级			任课教师评价等级			

注：在评价方式中填入 A、B、C、D 四个字母，A 代表优秀，B 代表良好，C 代表一般，D代表有待改进。

第三章

主体参与下体验式学习的学科案例

第一节 高中部分学科的实践案例

体验式学习的形式要体现学科特点，切不可千篇一律。体验式学习，绝不是离开学科知识与技能的掌握与训练，而是要改变学生获得知识与技能的途径与方法，让学生自主地、科学地获得知识与技能，亲历知识形成，体验与人合作的过程。离开学科知识与技能而去体验，是徒劳而无实效的。学科特点不同，体验式学习的形式也不同，如艺术类课程常常通过音乐、画面给学生提供视听素材，使学生获得情感审美体验；语言工具类课程常以角色表演和情景模拟等形式使学生体验语言的运用；理科科学类课程常常通过实验制作、探究活动等形式，让学生体验知识的形成过程；政治社会类课程常采用参观、调查等形式，使学生体验书本知识与生活的联系。

体验式学习的形式多种多样，关键是教师要结合学生的年龄特点和需求，选择适当的方法和切入点，创设恰当的学习情境，让学生在和谐的学习活动中体验、感悟和认知，既保证学习的时效性又保证学习的多样性，使每一次体验式学习都成为学生对客观世界的领悟，以及对生命意义和生命价值的体验。

高中语文学科体验式学习探究

新课程改革对高中语文教学模式进行了调整。根据新课程理念，在高中语文教学中，实施体验式学习是对传统的教与学方式的变革、丰富和完善。这种方式不仅注重学生对教学过程的体验，也能借助多样化的教学形式来增强学生对教学文本的感受与认知，这对于提升课堂教学效率起到了极大的推动作用。为此，我结合教学实践对高中语文教学中的体验式学习提出几点自己的看法。

一、情境体验

在高中语文教学中，体验式学习的主体是学生，但其设计者是教师，所以教师首先要创设能激发学生进行情感体验的情境。这里的情境形式可以是语言、图像、歌曲、视频，也可以是学生自己的表演等。比如，在学习温庭筠的《菩萨蛮·小山重叠金明灭》时，教师就可以在上课伊始播放学生感兴趣的电视剧《甄嬛传》的插曲，迅速唤醒学生的记忆，吸引学生的注意力，当学生的情感处于积极昂扬状态之时，文本学习就能有效展开了。所以，教师应合理应用教学辅助设备创设良好的教学情境，让学生进一步走进文本，更直接地和作者对话。这不仅是体验式学习的直观体现，也能够很好地提升课堂教学效率。

二、活动体验

新课程改革提出了一种新的学习方式——活动体验，即结合具体的学习材料，开展丰富多彩的语文课堂实践活动，使学生在活动中体验、探究、总结，从而提高他们的语文素养。这就要求教师要组织多样化的活动，以使学生亲自经历、用心感悟。活动体验是一种开放的、多样化的、寓学于乐的教学方式，根据其特点可以从以下几个方面做出尝试。

1. 背诵活动课

背诵课文向来是令很多学生头疼的事，即使有些学生能够背诵，也只能按照顺序背，一旦任意抽背就会卡壳。心理学认为，好奇心是个体学习的内在动机之一。我曾经利用学生的好奇心，做过这样的游戏：先让一名学生任意背诵一句或几句，然后让他随意指其他学生接着背诵，依次接力下去……实践证明，学生的积极性都很高，因为他们都很好奇下一个被点中者会是谁，会不会是自己。自己会不会出错，为了避免在活动课上出丑，学生事先会做好充分的准备，这样，背诵难的问题便轻而易举地解决了。

2. 名著活动课

在我们这样的城郊中学里，多数学生的文化基础薄弱，学习效率低下，阅读面狭窄，所以在面对高考语文附加题的名著阅读题时，就有点抓瞎了，因为他们还理不清名著的故事情节。针对这样的情况，我设计了“抓阄”活动：把书名写在一张张小纸条上并折好，然后请学生到讲台前抓阄，抓到什么书名，就讲这本书的故事梗概，如果自己讲不出来可以向其他同学求助，条件是再抓一次阄。这样便能使人人参与、人人体验，既锻炼了学生的胆量和语言表达能力，又使学生在不知不觉间“阅读”了名著。

3. 语言活动课

高中语文教材中的很多专题都可以以活动课的形式来开展。比如，“向青春举杯”专题中的“吟诵青春”板块是一组诗歌，我组织学生围绕“理解”与“朗读”两个要点展开活动，在理解、感受的基础上朗读，在朗读、揣摩的过程中加深理解和感受，并引导学生结合自己的生活经历和情感体验，不断充实精神生活，加深对自我、青春的思考与认识，树立积极向上的人生理想。又如，必修四“走进语言现场”专题下的几篇课文涉及演讲、采访、辩论等形式，我将大部分的课堂时间用于口语交际的实践，从而有效地提高了学生的口语交际能力。

三、对话体验

“你喜欢大海，因为它无边无际；我不喜欢大海，也是因为它无边无际。”这是法国电影《夜莺》中的台词，它意在告诉我们角度不同造就差异。就文学作品而言，不同的作家，不同的时代，不同的国度，造就了文学作品的丰富多彩；同样，不同的读者，不同的经历，不同的兴趣爱好，也造就了对文本的个性化解读。所以，教师在教学时要引导学生善于解读文本，并读出自己的个性。

1. 和作者对话

这一点其实在传统教学中就很受重视，一般在解读文本之前教师都会对作者做简单的介绍。不过，在体验式学习中，仅仅几分钟的简介还不能让学生真正走近作者、走进作品。教师可以让学生在课前自己收集有关作者的资料，然后在课堂上进行介绍，教师再补充作者的其他作品作为课后阅读材料，这样既能丰富学生的知识，又能帮助他们深入理解作品。

2. 和文本对话

体验式学习不仅关注学生对知识的掌握程度，更关注学生掌握知识的过程。因此，在实际教学中，教师应该发挥学生的主体作用，引导学生积极地参与教学的全过程。要实现学生和文本的对话，我认为朗读的作用不可忽视。曾国藩说：“非高声朗读，则不能得其雄伟之概；非密咏恬吟，则不能探其深远之韵。”叶圣陶也曾描述：“吟诵的时候，对于探究所得的并不仅是理智的理解，还有亲切的体会，不知不觉间，内容与理法化为读者自己的东西了，这是最可贵的一种境界。”由此可见朗读的重要性。当然，具体操作时，朗读的形式、方法要多样化，只有这样，才能激起学生的朗读兴趣。比如，我在教学《最后的常春藤叶》一课时，先让学生快速浏览全文感知文本，熟悉故事情节；然后让学生齐读文中描写贝尔曼的段落，初步了解他给人的第一印象；再让学生分角色朗读贝尔曼、苏艾的对话，深入了解贝尔曼的内心世界。

3. 和学生对话

苏联著名文艺学家、文艺理论家巴赫金认为，“思想就其本质来说是对话性”。思想不是一种主观的个人心理的产物，不是存在于孤立的个人意识之中的，其真正的领域是在同别的思想对话之中的。所以，教师可以让小组之间进行交流，让学生充分表达自己的想法和看法，让思想碰撞、激荡、交流，从而形成新的思想。当然，在此过程中，若有争论，教师应该适时点拨、引导，从而达到思想的交融和意义的建构。

四、审美体验

培养学生的文学鉴赏能力是语文课程的目标之一。苏联教育学家苏霍姆林斯基说：“美是一种心灵的体操——它使我们的精神正直，心地纯洁，情感和信念端正。”因此，语文教学不仅应该咬文嚼字，更应该唤起学生感受美的情趣，培养学生感知美的能力。

1. 挖掘形象美

柏拉图认为，“美具有引人向善的作用和力量”。高中语文教材中有很多值得挖掘的美好形象，比如，《品质》中恪守职业道德，宁可饿死也不肯偷工减料、降低品质的鞋匠格斯拉兄弟；《老王》中忠厚善良、知恩图报的底层百姓老王；《最后的常春藤叶》中舍己救人的老贝尔曼等。教师应该创设情境，唤起学生心中美的感受，发掘他们的美好品质，使他们学会观察身边的普通人物。

2. 体验情感美

白居易说过：“感人心者，莫先乎情，莫始乎言，莫切乎声，莫深乎义。”情感体验是诗歌教学的主要任务。因而，教师要充分利用形象生动的语言，借助联想和想象，让学生感知的形象在其头脑中活起来，才能使学生真正进入课文情境中，使他们的情感得以激发并由此升华。学生情感的产生要依靠语言，因此要以读为主，采用多种朗读方法，同时借助音乐、图片等使学生深入理解课文，领悟作者情感。教师要重视学生在教学过程中的思考与体验，把学生的学习内容设计为特定情境中的活动内容，让学生在特定的情境中以自己独特的方式自主参与、自主体验、自主探究，尽可能把时间交给学生，使学生真正成为课堂的主人。

3. 体悟思想美

语文教材所选的都是名篇佳作，都是作者以独特的慧眼、别具一格的匠心创造的完美艺术形象，这些艺术形象无不寄寓着作者的思想、人生观、价值观和道德观。比如，《祖国山川颂》《肖邦故园》《长江三峡》等课文从不同的角度描绘了自然之美，激起了学生热爱自然的感情；《五人墓碑记》《指南录后序》《烛之武退秦师》等文言文从不同角度表现了“天下兴亡，匹夫有责”的思想等。

当然，以上几种方法并不是孤立运用的，在实际教学中，教师可以根据需要灵活运用，让学生用自己的身体去经历，用自己的心灵去感悟，从而认识世界，感悟人生，提高语文素养。

(杭成华)

高中数学学科体验式学习探究

“体验”一词最早出现在德国的文献中。作为一个心理学概念，体验是指人的特殊的心理活动，是由感受、理解、联想、情感、领悟等诸多的心理要素构成的。在对体验的研究中，日本教育界最早提出在高中开设劳动体验学习课。我国对此也有一些论述，如朱小蔓教授在《情感教育论纲》一书中指出，情感教育的过程应该是逻辑、认知、情感和体验共同构成的完整的教育过程。

数学学习中的体验是指学生个体在学习数学的活动中，通过行为、认知、情感获得对数学事实与经验的理性认知和情感态度。体验式学习要求从学生已有的知识和经验出发，给学生提供一个交流与合作的机会，从而突出学生的主体地位，拓展学生的自由学习与思考的空间，促使学生对数学学习的全过程有充分的体验，从而实现学习方式的根本性转变。

一、体验式学习的内涵界定

体验式学习主要的教育理论架构是整合杜威的“做中学”理论、大卫·库伯的体验式学习圈理论、皮亚杰的发生认识论，以及其他学者的一些理论而成的。体验式学习注重为学习者提供真实或模拟的情境，让学习者在活动中通过充分参与来获得经验和感受，并进行交流和分享，然后通过个人反思和总结将其提升为理论或成果，最后再应用到实际生活中。

《全日制普通高中数学新课程标准》明确提出，“教师要成为学生进行数学探究的组织者、指导者、合作者”“高中数学课程应力求通过各种不同形式的自主学习、探究活动，让学生体验数学发现和创造的历程，发展他们的创新意识”。这就要求学生在学习数学时，体验知识与技能、数学思维的形成与发展过程，体验应用数学知识解决问题的过程，最终形成积极的数学情感与态度。

二、体验式学习的主题选定

在体验式学习的主题选择上，教师可以让学生通过课外小调查来形成体验式学习的主题，也可以利用学生刚参加的活动来引导学生确定体验式学习的主题。教师要充分利用多媒体技术，努力为学生做好体验开始前的准备工作，尽量让每个学生都产生强烈的学习冲动，使他们通过体验理解、掌握数学知识。另外，在体验式学习中，教师还要对教材的内容、主题、辅助资源等进行整合，因为学生需要将体验式学习应用到实际生活中。此外，教师除了要布置体验式作业，还要鼓励学生用所学的知识解决现实生活中的问题，家长也要配合学校给孩子提供一个良好的体验环境。

三、体验式学习的组织与实施

体验是个体主动亲历或虚拟地亲历某件事并获得相应的认知和情感的直接经验的活动。体验不仅有助于学生通过多种活动探究并获得数学知识，而且能使学生在体验中逐步掌握数学学习的一般规律和一般方法。因此，在教学过程中，教师要有意识地组织学生进行体验式学习，从而提高学生的主体参与意识，增强学生的团结合作精神。

1. 通过创设情境使学生体验数学概念

高中生学习的科目较多，加之高考的压力，像数学这样较难的学科，特别需要教师用丰富的知识去感染学生，激发学生的学习兴趣和学习动机。陶行知说过：“行动生困难，困难生疑问，疑问生假设，假设生试验，试验生断语，断语又生了行动，如此演进于无穷。”因此，在教学过程中，教师要根据教学内容，创设富有趣味性、启发性，兼具一定思维容量与层次的情境，让学生心情愉悦、思维活跃地去探究问题。

以“单调性与最大（小）值”教学中的一个片段为例。

师：（展示一幅温度变化图）这个温度曲线是怎样变化的，你能不能用语言描述一下？

生：从 5 点到 13 点，温度是上升的，从 13 点到 15 点温度下降，15 点到 16 点温度上升，16 点到 20 点温度又继续下降。

师：（边说边指）那就是说这段是上升的，这段是下降的，这段上升，这段又下降。

在以上教学片段中，教师通过展示温度变化图，让学生用生活化的语言描述函数的单调性，使学生体会生活与数学的联系。

2. 通过合作交流使学生体验数学方法

数学方法是人类通过长期的实践活动，在运用数学思想和数学语言提出问题、解决问题的过程中，形成的稳定而富有实效的数学活动手段、方式或途径。数学方法是课堂教学中的一个重要内容，课堂上通过师生互动、生生互动的合作交流，可以提高学生熟练运用数学方法的能力，可以锻炼学生的数学思维。而在这一过程中，处于积极、活跃、自由状态的学生，能产生始料未及的体验，得到极大的发展。另外，在教学过程中，由于各种智力因素和非智力因素的影响，对同一个问题，有的学生一知半解，有的学生会讲明解法，有的学生会讲出思路，有的学生会总结归纳出方法，还有的学生会提出新问题。这比传统的“教师教，学生学”更能让学生的主动性、差异性得到充分的发挥，更能让他们各尽其能、取长补短。

以“二分法求方程的近似解”教学中的一个片段为例。

师：我给出一些问题，请大家顺着这些问题思考，先设计一套方案，然后逐步完善这套方案。先思考这四个问题，这四个问题都是我们前面学过的。

投影出示以下问题：

(1) 如何设计求近似解的方案？

(2) 如何判断方程的根所在的区间？

(3) 如何缩小方程的根所在的区间?

(4) 回忆：如果二次函数在区间 (a, b) 上满足 $f(a)f(b)<0$，那么其零点满足什么条件?

生讨论。

师：好，四个小组各派一名代表来回答，不完善的相互补充。

生：先画出函数的图像。

师：为什么要画函数的图像?

在以上教学片段中，教师让学生以小组合作的形式自由设计方案，而且在听取学生汇报的过程中，不断地追问，详细了解学生的思维过程，促使学生进一步思考，从而引发学生探求新知的欲望。

3. 通过实际问题使学生体验数学解题过程

数学教学的一个很重要的任务就是教学生如何解决数学问题，教学生学会运用数学思维，从而提高学生的数学能力。按照数学家乔治·波利亚的观点，数学能力是解决数学问题的能力，不仅能解决一般的问题，而且能解决需要独立思考、判断和想象的问题。所以，高中数学教学的首要任务就是加强对学生问题解决能力的训练。

以研习课“怎样烧开水最省煤气”中的一个教学片段为例。

师：现在许多家庭都以煤气为烧水、做饭的燃料，节约用气是一个非常现实的问题，那么怎样才能节省煤气的用量呢? 今天，我们就以烧一壶开水为例来研究这个问题。

师：首先，我来问问大家，什么叫作省煤气?

生：就是煤气用量少。

师：那么煤气的用量和什么因素有关? 各小组讨论一下，派一个代表发言。

小组讨论。

师：哪个组派代表来发表一下你们组的看法?

生：我觉得与煤气燃烧时的热效率有关。

生：我补充一点，和开煤气时间的长短有关系，时间越长，浪费的煤气越多。

生：也和是否完全燃烧有关。

生：还和开关旋钮旋转的角度有关。

生：还和水壶的效率有关。水壶保温效果好，散热少，就节省煤气。

生：和水的初始温度有关。

生：烧开半壶水要比烧开一壶水节省煤气。

生：我觉得还和当时的大气压强有关。

生：与煤气产生的热量是不是全部加热到水上了有关。

生：我们组认为，还要考虑煤气是否为假冒伪劣商品。质量比较好的煤气，烧水的效率也高。

在这一教学片段中，教师设问的目的是激起学生的探究欲望，让学生体会如何由实际问题抽象出数学问题。这一阶段探究的方向为煤气的用量和什么有关，以小组合作学习的方式进行，可以使学生在交流与交锋中碰撞出思维的火花。

体验的归结点是产生新的情感，所有知识在这一刻全部融合在一起，学生和这些知识也不可分割地融合在一起，学生全身心地投入知识学习之中，而知识又以全新的意义与学生构成了新的关系。解开束缚学生思维的绳索，让学生在开放的环境中体验生活，体验成功，进而培养数学情感、创新精神和实践能力。

（赵秀华）

高中英语学科体验式学习探究

在《牛津高中英语》Project 板块的学习中，学生需要通过小组讨论、合作学习、探究学习等方式来完成关于某一话题的任务，并掌握相关知识。教师要做的是调动学生对任务的兴趣，组织学生进行小组讨论，在讨论过程中给学生以适当的帮助，并对学生完成任务的效果进行评价。我通过一年多的理论与实践相结合的研究发现，教师在科学的教学模式指导下制订出针对学生特点的任务型教学设计，并对学生进行恰当的组织和安排，再给予学生适时的指导和帮助，就可以调动他们对 Project 板块的学习兴趣和参与积极性，让他们成为真正意义上的学习主体。

一、体验式学习的内涵

体验式学习是指学生在教师的指导下，从自身生活和社会生活中选择和确定研究的课题，以类似科学研究的方式主动地获取知识、应用知识、解决问题。其核心要素就是“问题”，即提出问题、思考问题、解决问题。

在体验式学习中，教师起着组织、指导的作用，学生在大部分时间里进行自主性、探索性学习活动。这样的活动对培养学生的创新精神和实践能力具有重要的意义。体验式学习的目的是培养学生收集、分析和利用信息解决问题的能力，参与研究和探索的能力，沟通与合作的能力，以及对社会的责任心和使命感。

二、Project 的概念界定

对 Project 一词，《英汉辞海》给出了三个相关解释：（1）具体的计划或设计；（2）规划好的事业（如明确陈述的一项研究工作、研究项目）；（3）课外自修项目，通常是作为课堂学习内容的补充和应用来研究的问题，往往包括学生最感兴趣的各式各样的智力和体力活动。也就是说，Project 是学生围绕某一个具体的学习项目，充分选择和利用最优化的学习资源，在实践体验、内化吸收、探索创新中获得较为完整而具体的知识，形成专门的技能和得到一般发展的学习活动。由此可见，Project 板块属于开放性的探究学习活动，它强调以学生为中心，要求学生利用课内、课外的时间，通过小组讨论、分工合作、自主探究、查阅文献、收集资料、撰写文章、交流汇报，创造性地完成学习任务，培养综合运用语言的能力。它包括六个基本步骤：选定 Project、制订计划、活动探究、作品制作、成果交流和活动评价。

教材中的 Project 板块位于每个单元的最后，它基于听、说、读、写等一系列活动之上，是从语言输入逐步过渡到综合能力输出的结果。Project 板块有 A、B 两个部分，A 部分是阅读材料，为 B 部分提供范例，或引发课题内容，B 部分则是 Project 本身，设计有以下四个步骤。

Planning：在教师指导下确定课题，进行组内分工。

Preparing：查找资料，收集信息，调查，讨论。

Producing：拿出初稿，对其进行加工、完善。

Presenting：展示各个小组的成果。

三、Project 体验式学习带来的改变

《牛津高中英语》教材的使用给我们的教学观念和教学方法带来了很大的冲击，在教学中教师必须摈弃旧的、一成不变的、“满堂灌”的教学方式，真正体现以学生为主体，把课堂还给学生。

1. 转变学习方式

在传统的教学模式中，学生被视为“应试的机器”或“可填塞知识的容器”，没有受到应有的尊重，得不到足够的发展空间，难以发挥自己的主动性和创造性。适当对 Project 板块进行操作可以体现新课程改革所倡导的任务型教学、自主学习、探究学习和合作学习。

(1) 体现任务型教学

当前，强调语用的教学理念和实践在国内外得到普遍的认可，即“在用中学、在学中用、为用而学”。《全日制普通高中英语新课程标准》明确指出，“在教学中应增加开放性的任务型活动和探究性的学习内容，使学生有机会表达自己的思想和观点”“英语教学中的任务指有利于学生用英语做事情的各种语言实践活动”。

每个单元的 Project 板块都给学生提出了一个明确的任务。以模块一第一单元中的 Project *Starting a new school club* 为例，教学过程可以分为三个阶段。第一阶段，在教师的带领下，学生学习 A 部分的阅读材料，重点放在分析范例的结构和行文要点上，然后进行 B 部分的 Planning，即学生在教师的指导下自由组合，组成 6～7 人的小组，确定本组课题，具体来说就是准备组织什么样的 club。学生先组织了 7 个 club，并取了响亮的名称，“2008 Olympic Club”“The Sound of Music”“The Fantasy World”“Comic Club”“Pop Music”“Final Football”和“Space Explorer”，内容广泛涉及体育、音乐、太空等学生感兴趣的领域。然后明确分工，每个成员负责 1～2 项任务，并确定组长。第二阶段，利用课余时间，学生收集与本组目标有关的资料，并分类筛选，通过协商制作美观的广告说明和图文音像并茂的课件，经过多次修改后定稿。第三阶段，在课堂上进行展示和评比。由组长轮流发言，根据本组制作的广告说明和课件介绍本组的 club，并招募自愿参加者，最后依据每组 club 的报名人数选出人气最旺的一组，评为最佳小组。在这一过程中，学生劲头十足，这时的英语不再是死板的语法规则，不再是枯燥的单词句式，而是灵活有用的工具。在不知不觉中，学生学会了很多单词，了解了最新的术语，发展了情感、态度。

(2) 体现自主学习和探究学习

适当对 Project 板块进行操作可以体现出自主学习和探究学习所具有的特征。

① 主动性。学生对所布置的任务感兴趣，能主动参与、探究，积极地为所在的小组出谋划策，即使是英语基础不太好的学生也能在小组中找到自己的位置。

② 独立性。学生从依赖课堂、书本、教师到超越课堂、书本、教师，能运用学习策略和丰富的资源，独立完成应承担的任务，如有的负责查资料，有的负责设计广告，有的负责制作课件等。

③ 独特性。学生的认知水平、思维方式、学习需要、学习风格和学习能力不同，学习的结果也就不同。英语教学中，学生的差异更为突出。小组分工形式可以尊重每个学生的独特个性，为每个学生都提供发展的空间，使每个学生的潜能都得以发挥，并获得成功感。比如，有的学生不擅长口语表达，可以负责书面工作；有的学生英语能力欠佳，可以发挥他的美术天赋。

④ 体验性。学生在实践中伴有身体活动，其口、手、耳、眼、脑并用。学生自觉地参与各种交流和实践活动，从中获得直接经验，从而得以进一步发展。

⑤ 问题性。传统的课堂教学是教师提问，学生回答。在 Project 板块教学中，学生必须自主地发现、提出、分析和解决问题，在一次次合作交流中完成任务。

（3）体现合作学习

合作学习理论认为，教学是一种人际交往，是一种信息互动。从教学实践看，我们目前所提倡和采用的互动方式主要是师生之间的双边互动，学生与学生之间的互动则始终未能受到重视。

在 Project 板块教学中，学生之间的合作可以被加强到最大化，小组成员必须通力合作、明确分工才能完成任务。学生应努力克服英语学习中所遇到的困难，主动向他人求教，在英语交流中学会理解并尊重他人的意见，学会与他人分享各种学习资源。这些能力在当今社会中尤为重要。

2. 转变教学观念

新时代和新理念要求教师必须不断更新观念，在教学中转变思想，与时俱进。语用学的理论和多元智能理论成为教师在英语教学中必须思考的内容。

（1）强调语言运用

《全日制普通高中英语新课程标准》明确指出，“高中英语教学应该着重培养学生以下几方面的能力：在人际交往中得体地使用英语的能力；用英语获取和处理信息的能力；用英语分析问题和解决问题的能力以及批判性思维能力”。因此，教师的教学观念要从以往的教授语言知识转向强调语言运用。

Project 板块教学正好可以给学生提供大量的运用语言的机会，为学生创设良好的情境，因为学生完成任务的每一个环节都是运用语言的过程。

(2) 重视多元智能理论及评价方式的多样性

多元智能理论认为，每个人都拥有多种智能，这些智能是彼此关联、相辅相成的，人的智能可以通过后天的努力获得发展，学校教育是发展智能的重要途径，同时，个人的努力、环境的影响、工作中的学习等对智能的发展也有不可忽视的作用。多元智能理论对“智能”的定义非常广泛，涵盖的不仅仅是学习课本知识的能力，也包括动手实践的能力。正是多元智能理论的引入，带来了由单一的终结性评价到形成性评价与终结性评价并重的多种评价体系。

Project 板块教学充分关注学生的多元智能，给学生提供了展现自我的机会，从而使学生树立自信，提高学习兴趣，发展综合素质。而教师眼中的好学生不仅是考试成绩高的学生，还有在小组活动中积极参与的、能保质保量完成任务的一大批学生。

如教材模块二第二单元中的 Project *Making a travel leaflet*，学生模仿 A 部分的例子，编写了 Hawaii，Egypt，Australia，Vienna 的旅行手册，还制作了精美的课件，好几个作品堪称精品。从学生的成果可以看出，学生的能力是多元的，潜力是无穷的。

(3) 注重教师角色的转变

在 Project 板块教学中，教师不再仅仅是知识传授者和解惑者，其角色趋向多元化。

① 教学过程的设计者。教师应依据课题设计教学过程，把握重要环节。

② 教学过程的组织者。Project 板块教学的大部分环节都由学生的自主活动组成，教师作为组织者，其作用体现在三个方面：第一，课内带领学生领会要求，组织学生进行分组、分工；第二，课外督促学生完成各自的任务，协调工作进度，提供材料、咨询；第三，展示期间串联各组表演顺序，适时点评，组织学生互评，小结点评各组表现。

③ 学习过程的促进者。教师要激发学生的学习动机，帮助学生审视、反思自我，明确学习目标，以及寻找、收集和利用学习资源。

④ 学生学习的合作者。教师要平等地与学生进行讨论，共同解决问题，创造轻松、愉快、活泼的气氛，淡化学生的心理压力，使他们思维活跃，处于最佳学习状态。

⑤ 学习过程的评价者。教师要对学生在完成任务过程中表现出来的情感、态度、能力、策略、掌握基础知识和技能的水平及发展潜能等进行全面、综合的评价和适当的指导。

⑥ 学生情感的支持者。教师要帮助学生树立完成任务的信心，帮助学生调整自己的情绪，使其与其他同学彼此理解、相互帮助，创设融洽和谐的学习环境，营造积极的情感氛围。

3. 改变教材观

在 Project 板块教学中，教材只是学生所利用的一小部分资源，他们把眼光投向更广阔的网络资源、报纸杂志等，他们利用学会的技能更好地占有、筛选、分析、组合、运用相关资料。

在我的 Project 板块教学的实践中，还存在许多不足，如对学生的要求较高，存在理想化的倾向；要完成任务需要较多的时间和精力，在课业任务繁重的高中阶段得不到广泛的支持，甚至得不到家长和部分学生的理解，被认为是“不务正业”等。但是实施 Project 板块教学符合新课程改革的精神，符合信息时代的要求，符合多元化社会的需要，而且有利于开发学生的智能，使学生形成良好的性格、高尚的品格和坚强的意志。

通过一年多的尝试，我觉得 Project 板块教学的效果非常好。尽管它的规模不大，并不是那么轰轰烈烈，也不需要很多的投入，每所学校、每个班级都很容易开展，但是它的效果是实实在在的。它充分体现了“以学生为主体，以教师为主导”的理念，不仅培养了学生各方面的能力，也激发了学生学习英语的兴趣，提高了学生学习英语的积极性。它服从和服务于课堂教学，是课堂教学的深化。

当然，在 Project 板块教学中指导学生进行学习时，考虑到英语语言环境的缺乏，我们更应该积极对学生加以引导和督促，并尽可能为其创造语言环境。比如，尽量利用英语课堂时间让学生进行研究方案的规划，鼓励学生在遇到困难向教师咨询时尽量使用英语等。在中学英语教学中运用

Project 板块教学，对于改善英语教学现状、提高英语教学效率具有重要的意义和深远的影响。

（陈文静）

高中政治学科体验式学习探究

在以课堂教学为主渠道的主体参与下的体验式学习中，教师为学生创设各种全员、全程、全方位、全身心的实践体验与合作探究的平台，从学生已有的生活经验和知识背景出发，向学生提供充分进行学习和交流的机会，让全体学生在体验感知、体验感悟、体验思维、体验积累、体验情感、体验合作、体验实践、体验创新、体验挑战、体验成功的过程中，促进知识的感知和内化，陶冶情感，开启智慧，积累丰富的学习、情感体验，树立学习、实践、创新的自信心，从而从根本上转变学生的学习方式，改变传统课堂教学“重结论，轻过程；重传授，轻领悟；重知识，轻智慧”的现状，达到促进学生积极学习、主动学习、自主学习、体验感悟的目的。

在高中政治教学中，教师通过指导学生践行主体参与下的体验式学习，积极引导学生亲身体验学习过程，充分感知、感受、感悟蕴藏于教学活动中的人和事，从而获得知识，发展能力，生成情感，健全人格，促进全面发展。主体参与下的体验式学习旨在把学习主题与学生的生活实际结合起来，师生在协作探讨中，在情感的交流、思维的碰撞中，进行体验、感悟，使学生逐渐受到熏陶，促进其思维方式趋于成熟。它主要包括三个基本环节：提出问题（通过创设情境来完成）、方法探讨（通过师生、生生协作来完成）、实践运用（这是体验式学习的归宿）。在这师生共同参与的三个基本环节中，学生的心理变化依次为启思激趣—体验感受—感悟升华，体验的内容包括认识自己，了解社会，学会生活，产生接纳、改善现状的愿望等。体验式学习在政治教学中主要有以下几种方式。

一、主体参与阅读体验，养成习惯

阅读体验法是一种综合运用眼、耳、脑的自主学习方式。在课堂教学中，通过让学生阅读课本和相关材料感染情绪，不但能帮助学生理解所学知识，而且能丰富学生的各种情感体验，引起学生心灵的共振，达到知情统一的程度，还能培养学生的朗读能力、自学能力、思维能力，从而使其养成良好的学习习惯。

对教材的阅读体验包括课前读、课中读、课后读三步。其中，课前读即自读，它是按教师的要求三读课文：一是细读，了解课文的基本内容；二是概读，了解和提炼课文的知识体系；三是疑读，找出不理解的知识点并设问。自读完成后，学生会对所读的内容有所感悟，并对将要学习的知识有所了解，这样上课时就有了主动权。经过一系列的读书体验，学生基本上能把前人的知识消化、吸收并内化成自己的知识，并在运用中熟练掌握，还可能有所创新和发展。而在选择教材以外的材料进行阅读体验时，教师应选取那些蕴含浓厚情感的优秀作品供学生阅读，在阅读后引导学生体验作品中的情感，唤醒学生的情感体验，以取得最佳的阅读效果。

在教学“人生的真正价值在于对社会的贡献”这一知识点时，我选用了以下材料供学生阅读。

天灾无情人有情。甘肃地震发生后，震区人民用一桩桩温情、真实的事件展示出天灾面前的人性力量，不禁令人动容。

地震发生时，车路村村民杨彦明和女儿正在炕上睡觉，突然倒塌的房屋将父女俩埋在下面。闻讯，村里的二十多位村民开始徒手刨土，两个多小时后，掩埋在废墟下的杨彦明被挖了出来。他整个人被压在倒塌的墙壁下，他的身体下面是被护住了的女儿。

34 岁的马志军说，就在早上，他的两个孩子，一个 11 岁，一个 10 岁，全部在地震中罹难。听说嫁到永光村的妹妹家的房子塌了，这位悲痛的男子在简单处理了孩子的后事后，立即赶去支援：“毕竟，救人才是最重要的。”

一位私企老板带着公司的十多名员工扛着食品和水到达搜救现场。他不断给参与挖掘搜救工作的战士们递水，得到的却一律都是礼貌的拒绝。当看到一位十七八岁的新兵双手磨出了血泡，累得连手中的铁锹都拿不住的时候，他终于忍不住冲了上去，对着带队上尉吼道：“你就不能让他停下来休息一会儿吗?”上尉睁着充满血丝的双眼看了他一下，没有说话，继续带着官兵们奋力挖掘。

材料中的事例非常感人，通过阅读该材料，学生被深深地感动了。这则材料能帮助学生认识生命、体验生命、感悟生命，同时也有利于学生理解人的价值所在。当然，达到情感、态度和价值观方面的目标并不是一蹴而就的，教师也很难准确地预料在一定的教学活动后学生的内心会发生什么变化。学生积极情感的养成需要长期努力，特别需要他们对特别感兴趣的或特别重要的问题进行持续不断的思索和反思，以加深情感体验、健全人格。

二、主体参与情境体验，感悟知识

政治教学可以从学生现有的知识经验出发，用富有生活意义的情境呈现问题，在帮助学生解决问题的过程中活化知识；可以以学生的生活逻辑为主导，促进学生知识、情感、能力的和谐发展。在政治教学中，教师应合理、适时地设置教学情境，充分体现“以问题为核心，以能力发展为目标，以体验训练为主线，以习惯方法为保证”的教学思想；教师要根据特定的教学内容和学生实际，恰当地使用实物演示情境，借助图像再现情境，播放音乐渲染情境，借助情感的直观性、形象性，对学生的感官产生强烈的刺激，使他们进入教师所创设的特定氛围中，在不知不觉中触动自己的情感之弦，引起共鸣。

美国教育家布朗认为：“学习的环境应该放在真实的社会背景中，使它对学生有意义。”实践证明，只有当学习内容与社会、自然情境相结合时，有意义学习才可能发生，学生所学的知识才易于迁移到其他情境中再应用。

教师可以根据教学任务和学生实际需求，以学生熟悉、关注、感兴趣的题材作为载体与材料，创造合适的、富有启发性的、逼真生动的教学情境。同时，教师还可以通过设置探究性问题，使学生在课堂探究活动中激活思维，获得丰富体验，其主要环节是展示问题—提出假设—收集资料—证明假设，由提出假设到证明假设这一过程可以反复循环，直至正确为止。

例如，在“权力的行使：需要监督”的教学中，我分析了上海“钓鱼执法”案例后合理设疑：从上海“钓鱼执法”事件中你能得到什么启示？学生带着问题进行合作探究，最终认识到：政府权力必须接受监督。紧接着，我继续设疑：为什么要对政府权力进行监督？对权力进行监督和制约有什么意义？学生在这样的启发、引导下，合作探究，最终解决了问题。

三、主体参与论辩体验，对比思维

新、旧知识的矛盾，日常概念与科学概念的矛盾，直觉、常识与客观事实的矛盾等，都能引起学生的体验兴趣和学习愿望，因而教师可以利用认知矛盾让学生开展课堂讨论、辩论、演讲、演说等论辩活动，调动学生的主动性、创造性与实践性，提高学生的对比、求异等思维能力。

开展课堂论辩活动有四点好处：第一，能调动学生的激昂情绪，激发学生参与教学活动的积极性；第二，能加深学生对所学知识的理解，拓宽其知识面；第三，能激活学生的思维，提高其语言表达能力、思辨能力、论证能力、应变能力、灵活运用知识的能力等；第四，能增强学生的参与意识、主体意识，丰富和激发其情境体验。总之，论辩体验不仅能使学生掌握知识，还能使学生增长见识、锻炼能力、提高素质。

例如，在教学“矛盾分析法”时，我组织学生以“上网应该被鼓励还是被禁止”为主题展开辩论。正方认为：“网络是我们的好朋友，它对青少年开阔视野、增长知识大有益处。上网查阅资料既方便了我们的学习，又丰富了我们的生活，因而应该鼓励青少年上网。”反方则认为：“网络对涉世不深的青少年具有很强的腐蚀作用，因沉迷网络而荒废学业，以及诱惑、欺诈的事情时有发生，因此要禁止青少年上网。”双方辩手有的讲述发生在身边的故事，有的讲述自己的亲身经历，有的则引经据典，气氛异常热烈。我不失时机地总结：“刚才，正方、反方各持己见，说得都非常有道理。其实，一分为二的矛盾分析法告诉我们，网络既有利又有弊，关键是如何趋利避害，使之为我所用!”最后，我又进一步引导学生探讨具体应该怎样利用网络为学习、生活服务。

通过论辩，我把学生置于存在认知冲突的场景中，使学生在激烈的思想交锋中获得了深刻的体验，形成了正确的认识，而我的循循善诱、因势利导也使学生真正领悟了矛盾分析法，锻炼了自主学习能力和自我教育能力，取得了较好的教学效果。

四、主体参与换位体验，升华情感

让学生通过换位扮演角色来获得丰富的体验也是政治体验式学习的重要方法。在课堂教学中，学生可以扮演的角色很多，现实生活中的人或物，虚拟的人或物，都可以成为学生扮演的角色。在角色扮演的过程中，不但扮演者有了深刻的内心体验，观看者也会进行反思。通过换位体验，学生能理解和掌握有关知识，深化对问题的认识；能增进自我认识，形成情感体验，培养情感素养；能领会各种社会角色的责任，加深对社会的观察、了解和认识，从而学会表达，学会交流，学会理解，学会合作。

例如，我在讲授“加强思想道德建设”一课时，在讲解“我心目中的思想道德模范”的过程中，我列举了雷锋、杨善洲、牛玉儒等人，并让学生观看了介绍郭明义事迹的短片，指出这些人在处理个人与他人、民族与国家利益的关系时都能舍己为人。然后根据短片里的故事让学生扮演郭明义、外国专家等角色，重现故事内容。紧接着引导学生进入郭明义的角色，对他当时的想法、情绪、行动等进行描述。通过价值冲突比较，让学生充分了解郭明义乐于奉献的良好品质，深刻了解帮助别人会给自己带来成功和愉悦的心理体验，让学生在助人中体验到自尊和自信，从而获得对人生意义的正确理解。

五、主体参与社会实践，担起责任

在主体参与下的体验式学习中，教师应指导学生从自身生活和社会生活中选择和确立研究课题，通过自主性、探究性的学习和实践活动体验生活，主动地获取知识，运用知识解决问题，并在活动中培养正确的学习态度，提高社会道德、社会责任感和使命感。社会实践活动包括两个方面：一是个体的活动，如阅读书报，收集、整理资料，撰写调查报告等；二是群体的活动，如参观访问、合办壁报、召开主题班会、进行社会调查等。

例如，我针对学生每次放假回家公交车难等的现状，让学生利用课余时间对本地公交车运营状况开展研究性学习。学生以小组为单位，有步骤地进行调查研究。在多次的调查、采访后，学生对本地公交车的运营状况有了初步的认识，并体会到：只有对人真诚，才有真诚的回报。在他们的调查报告中，学生既深情地流露出对近年来公交事业发展的喜悦，也表达了对公交车使用中某些不和谐现象的忧虑，还对公交事业的发展提出了宝贵的意见和建议。在整个过程中，学生边学习，边思考，边实践，相互交流，相互合作，真正成为学习的主体，沟通能力和合作意识都有了提升。

主体参与下的体验式学习在我们的政治教学实践中已经初见成效，但这仅仅是一个开端，在实际应用中依然会遇到困难，但我相信这一学习方式将会在实践中不断得以完善。

附："面对经济全球化"课堂实录片段

在讲授“面对经济全球化”一课时，我组织学生以“经济全球化对我国是利大于弊还是弊大于利”为主题举行三人一组的小型辩论赛，从而使学生辩证地看待经济全球化的作用和影响。以下是课堂实录片段。

【教师活动】在跨国公司的主导之下，经济全球化的浪潮已经汹涌地波及地球上的每个国家。那么经济全球化究竟会给我国带来什么影响呢？作为未来社会主义事业的建设者，我们需要拨开迷雾，厘清思路，找准方向。接下来我们就借助一个辩论赛将经济全球化带来的影响辩个清楚，论个明白。有请两组辩论选手。

【辩论体验】

主题：经济全球化对我国是利大于弊还是弊大于利

正方：经济全球化对我国利大于弊

反方：经济全球化对我国弊大于利

【学生活动】以下为正反双方辩词。

正方一辩：

大家好，随着经济全球化进程的加快，经济全球化对世界各国的影响也日益显现。我方的观点是经济全球化对我国利大于弊。

1. 经济全球化使世界范围内的资本、技术、产品、市场、资源、劳动力得到合理有效的配置。经济全球化加速了生产要素在全球范围内的自由流动，形成了统一的全球市场，从而推动了跨国公司的全球化经营和全球产业结构的调整，并最大限度地实现了资源的优化配置。我国可通过吸收和引进发达国家的资金和技术，来发展本国经济，以满足人民的物质需求，逐步缩小与发达国家的差距。

2. 经济全球化带来了国际分工的大发展和资本、技术等生产要素的大流动。这对我国弥补国内资本、技术等生产要素缺口，发挥优势，迅速实现技术进步、制度创新，进而推动经济发展十分有利。这几年，我国的华为手机、长虹彩电和奇瑞汽车等就是这样走出国门的。

3. 经济全球化使世界市场成为一个不断扩大的统一的整体。在统一的世界市场中，面对激烈的国际市场竞争，经济全球化必然促使我国企业改善生产经营活动，降低成本，提高劳动生产率，实现规模生产，使科技成果在世界范围内更快地转化为生产力，从而促进全球经济的增长。

反方一辩：

首先感谢对方辩友。经济全球化的确能给我国经济发展带来一定的积极影响，这一点我方并不否认，但对方辩友说“经济全球化对我国利大于弊”，我方并不认同。我方认为经济全球化对我国弊大于利。其理由有以下两点。

1. 经济全球化加剧了世界经济的不平衡，拉大了贫富差距。经济全球化首先带来的是对我国经济的冲击，如苹果手机就给我国的华为、联想等国产手机带来了巨大的冲击，而且这种冲击是建立在不平等关系的基础之上的。一方面，国际经济组织大多数被发达国家所掌握，世界经济运转的各种原则、制度和秩序都是由它们制订的，我国并不能从中得到太多的好处；另一方面，发达国家所拥有的经济、技术和管理优势，是我国远不可及的。因而经济全球化中获益最大的是发达的资本主义国家，而经济和技术相对落后的发展中国家尽管具有一定的中长期利益，但在近期或较长的时间内，是很少或很难受益的。我国许多民族企业亏损或倒闭，民族驰名品牌被收购，如乐凯、美加净、小护士等。

2. 经济全球化使世界经济的不稳定性加强。经济全球化使各国经济同世界经济的联系更为密切，各国国内经济的稳定不仅取决于本国国内因素，更大程度上要受国际因素的巨大影响。随着国际贸易和服务贸易的不断扩大，其他国家尤其是主要贸易伙伴的经济状况将通过国际经济的传递机制影响到本国。美国次贷危机引发的2008年金融危机就是明证。

反方二辩：

不可否认，经济全球化可以带来国际分工水平的提高和世界贸易的发展，但综合其影响，给我国带来的更多的是冲击。可以说，当今发达国家在世界经济贸易格局中占据了主导地位，它们是经济全球化草原上凶狠的狼，而我们是可怜的小羊。对方辩友所谓的有利于国家间的交流与发展，但交流下来，我们的牺牲很大。难道您对经济全球化下国家间的贫富差距直接无视了吗？2003年，非洲地区人口占世界人口的11%，而GDP只占1%。难道您看不到经济全球化下的政治、经济、文化等的冲突吗？我们所期盼的经济全球化是幸福而和谐，有竞争没冲突的共同发展，但现实总是残酷的。

在全球经济一体化过程中出现的经济危机也会向全球蔓延，比如说亚洲金融危机沉重打击了我国的一些外向型企业，导致一部分公司破产，失业人口剧增，甚至危害到我国经济。同时，经济全球化的发展也使跨国公司的触角伸到了我国国内。一些大型的跨国公司将生产制造基地建在我国，有些企业在消耗了大量资源、能源的同时，还污染了环境，影响了生态平衡。不夸张地说，他们带走的是利润，留下的是不可逆的生态破坏。

所以，经济全球化带给我国的仅仅是一次表面上的饕餮盛宴。所以，我方坚决认为，经济全球化对我国弊大于利。

正方二辩：

请问对方辩友，如果经济全球化对我国是弊大于利的，我国为什么要改革开放，又为什么要千方百计加入WTO呢？而我国又怎么能在这么短的时间里快速发展经济，在GDP上超过日本，成为世界第二大经济体呢？以上海为例，在改革开放前，上海浦东是一个经济比较落后的地区。如今，这里已成为举世闻名的现代化高科技工业制造中心、金融中心。上海浦东的经济发展，在很大程度上缘于它抓住了经济全球化的机遇，充分发挥了本地区的优势。随着近年来经济全球化的进一步凸显，我们泰州在长三角区域产业分工中的地位变化、开发区自身尤其是中国医药城的快速发展，以及滨江园区中海油气、光电新能源等重点项目的落户开工，很大程度上改变了泰州经济开发区的产业结构及发展方向，促进了泰州经济的发展，这难道不是经济全球化带给我们的好处吗？肯德基、麦当劳在我国开店，给我们的生活带来了便利，增加了就业率、居民收入和财政收入等。对方辩友谈到了发达资本主义国家是狼，我们难道就不能与狼共舞吗？

正方三辩（总结陈词）：

1. 经济全球化的实质是资本、技术、劳动力、自然资源和市场在全球范围内按照更优方式的重新配置，发达国家因为掌握更多的资源和市场而受益。

2. 从长远来看，经济全球化带给我国这类发展中国家的应该是资金、技术、管理经验、优秀的人才资源以及更大的发展机遇。

3. 经济全球化使世界经济联系为一个整体，扩大了国家间的对外贸易，推动了世界经济的发展。

4. 经济全球化提高了人民的生活水平。大家可以想一下，我们现在的日常生活哪一项不依赖于全球化？我们需要的是全球化的信息、各国的商品，我们已经习惯于全球文化背景下的生存状态和生活方式。试问，有谁想回到过去那种封闭状态中去？Nobody！全球化已经深入到我们的生活之中，给我们带来的方便远大于它带来的负面影响。所以，我方认为经济全球化对我国利大于弊，谢谢大家！

反方三辩（总结陈词）：

各位好！经济全球化是在不公平、不合理的国际经济旧秩序没有根本改变的条件下形成和发展起来的。它给我们的经济发展所带来的负面影响是显而易见的，对世界各国造成的贫富差距也是有目共睹的。在经济全球化中占有主导地位和绝对优势的一直是发达资本主义国家。在经济全球化中，资本主义内在本质的规律性特征得到了充分体现，世界各国经济发展不平衡更为突出，各国市场竞争和民族冲突更加激烈和尖锐。少数大国一手操纵世界经济，使国际的合作屡遭破坏。局部地区的经济危机以及政治、经济的震荡也极易在全球范围内传播和拓展，增加了国际政治、经济的不稳定性和不确定性。因而，我方重申我们的立场，我们从没有过否定经济全球化带来的好处，只是就目前情况而言，经济全球化给我们带来的好处远远比不上它的危害性。因此，我方坚持认为，经济全球化对我国弊大于利。

【教师点评】今天的辩论赛非常精彩，让我又一次领略了我班学生的风采。我们一起来分析这个辩题，辩题是“经济全球化对我国是利大于弊还是弊大于利”。首先，我们都要认识到我们辩论的不是只有利还是只有弊的问题，经济全球化是一把“双刃剑”，我们要辩论的是利大还是弊大的问题。所以，在辩论中，我们不能只站在单方面来辩论。反方在辩论中就很巧妙地抓住了这一点，说了“我们从没有否定过经济全球化带来的好处，只是就目前情况而言，经济全班化给我们带来的好处远远比不上它的危害性”。又如，反方谈到，我们是羊，对方是狼，正方马上就提出，“我们难道就不能与狼共舞吗”，在辩论中掀起了一个小小的高潮。

当然，我们并不能仅仅因为这一次辩论赛的结果就认定经济全球化对我国是利大于弊还是弊大于利。从不同的角度看，在不同的具体问题上，有不同的利弊，不同的专家也有不同的看法。我们一起来总结一下经济全球化的利弊。

【设计意图】通过正反两方激烈的言语交锋、辩论体验，能培养学生的辩证思维能力，使学生明确认识到经济全球化是一把“双刃剑”。它一方面促进各种生产要素实现更佳的配置，推动世界经济增长，传播新技术，提高各国人民的生活水平；另一方面又是一个削弱国家主权、侵蚀当地文化和传统、威胁经济和社会稳定的进程。

（姚小林）

高中历史学科体验式学习探究

苏霍姆林斯基说过："在优秀教师那里，学生的求知欲望之所以永不熄灭，是因为他们总感到自己是知识的挖掘者，体验到因自己边思考边工作而带来的愉快感。"教师只有不断地探索有利于促进学生体验的教学策略，才能激活学生的情感，将体验式学习的理念落到实处，也只有这样，课堂才会充满生机和活力。

我校自2008年开始尝试并推行主体参与课堂教学模式，并开展了与主体参与有关的一系列实践探索。主体参与课堂教学模式最显著的特征是课堂教学的双主体——教师和学生进行合作互动。主体参与课堂教学中的教师是课堂教学的组织者，学生学习兴趣的激发者，问题情境的创设者，课堂生成性问题的激发者、发现者和参与解决者，以及学生思维的启发者。主体参与课堂教学中的学生则是课堂教学的中心和学习的主体。学生主动参与是主体参与的基础，其行为通常包括学习、参与、合作、探究、生成、接受、享受、质疑、释疑、评价等，这些行为的达成都必须在体验中完成，体验式学习与主体参与课堂教学模式相得益彰。我校高中历史组在推行主体参与下的体验式学习中始终走在探索实践的前列。

从历史学科教学的角度来看，体验就是学生用全部的身心智慧（即"体"）去感受、关注、理解、认同历史人物、历史事件、历史现象等学习对象。只有通过体验，学生才能把陌生的、外在的、与己无关的、遥远的历史对象变为熟悉的、可以与之交流的存在，才能在头脑中形成历史图景，才会产生探究历史问题的兴趣，并在教师的指导下，经过自觉的探究，生成对历史问题的认识，形成相应的情感、态度和价值观（即"验"）。

主体参与课堂教学的特点是教师充分发挥引导作用，关注全体学生，调动学生的积极性，发挥学生的主体性。历史体验式学习能使学生经过亲身的体验去感悟历史，提升思想，升华情感。那么如何将这三者有效结合起来呢？我认为，在主体参与的历史课堂中，体验式学习有情境创设和体验思考两层含义，作为主体之一的教师应当承担起情境创设的任务，另一主体学生则应承担体验思考的任务。教师负责为学生搭建体验的平台，创设各种情境，让学生在主动参与、合作交流中获得体验。

一、课前实践活动体验法

皮亚杰认为："智慧从动作开始，学生的多种感官参与认知活动，可以使信息不断地刺激脑细胞，促使思维活跃，便于储存和提取信息，同时易于激发学生的好奇心和求知欲，使学生产生学习的内驱力。"因此，在课前自主学习阶段，教师不仅可以采用预习课本、诵读教学案这两种方法，也可以采用一种动态的自主学习方法——即实践活动体验法。具体的操作方法是在主体参与课堂教学模式的课前自主学习阶段，教师提前布置与课题相关的一系列可操作性强的实践活动，由学生自主完成，以便在课堂上用于成果展示、交流或作为学生观点、看法的有力支撑。

实践活动体验的内容一方面与教材有关，另一方面与学生的生活有关。自探索主体参与课堂教学模式以来，我先后组织学生围绕历史教材进行历史文物仿制、历史图画描绘、历史浮雕制作、历史漫画创作等一系列实践活动来激发学生学习历史的兴趣，培养他们的动手能力和创新精神。此外，我还引导学生走出校门，搜寻身边与历史相关的活动素材。如2008年是改革开放三十周年，我鼓励学生开展"踏着先辈的足迹"和"改革春风到我家"的采访、摄影活动；又如，讲解古代科举制度时，我提前布置了参观泰州学政试院，了解家乡古代的考试情况的任务；再如，讲解近代民主革命时，发挥我校地理位置优势，带领学生参观中国人民解放军海军诞生地白马庙、新四军苏北指挥部旧址曲江楼等具有代表意义的景点，使学生了解民主革命在家乡开展的情形。虽然不是每一课都有相关的课前实践，但是只要有机会，我就让学生去实践，学生也都会争先恐后地走上讲台展示自己的作品，畅谈自己的收获和感受，那激动、感人的场面，是我们在传统课堂教学中无法看到的。

二、课堂情境创设体验法

建构主义理论认为，学习者要想完成对所学知识的意义建构，即达到对该知识所反映事物的性质、规律及其与其他事物之间联系的深刻理解，最好的办法是让学习者到现实世界的真实环境中去感受、体验。课堂情境创设体验法就是通过营造与现实生活类似的情境，使学生置身于可感知的环境中，调动已有的认知、情感去观察、感受，进而产生对知识和情感的渴望。在课堂上营造一种形真、情切、意远、理蕴的教学情境是开展体验式学习的关键。

课堂情境体验法的具体操作方法是在主体参与课堂教学模式的课堂活动阶段，教师积极创设情境，为学生提供体验知识的平台。

首先，教师要提高亲和力，以自身的情感渲染情境。在一堂好课中，师生如沐春风，如饮甘泉；或惊或喜，或悲或泣，或开怀畅笑，或冥思苦想。师生的心魂为之勾摄，情思随之起伏，身心俱在其中，霎时无暇旁顾。教师充满亲和力的教态和语言能够营造和谐的课堂氛围，调动学生的情感和情绪，促使他们自觉地投入学习中。

其次，教师要应用灵活的表达方式，善于利用、开发和整合各种课程资源，为实现学生有效的体验式学习创设情境。利用多媒体更容易让课堂教学达到情与景的契合，如各种现代化教学手段，包括幻灯、实物展台、录音机、录像机、CD、VCD、计算机等，不仅可以增大体验情境的信息量，还可以通过有冲击力的听觉、视觉，强化学生的体验，引发学生的积极思考，加速学生内化体验的过程。美妙的音乐、精致的图片、生动的视频均可入课，使课堂成为一个审美场，再加上教师适时的引导，学生就会调动想象，引发联想，其中的“此情此景”就能化作学生的“我情我景”了。这样，就能使形象思维与抽象思维齐飞，情感体验与知识获取一体。

另外，课程资源也包含许多隐性资源，如学生的差异、已有的经验等。这些都是教师在组织和实施体验式学习时的重要资源，关键是教师要具备理解每一个学生的独特的感悟能力和敏锐的洞察能力，要善于捕捉时机，善于利用资源，只有这样，教学才会取得意想不到的良好效果。

三、课堂探究体验法

体验式学习的重要特征之一就是强调教师与学生的双向交流，充分调动双方的积极性和能动性，从而活跃课堂气氛，使那些被压抑在潜意识中的能量冲破意识阀门释放出来，闪现出智慧的火花，实现教与学两方面的最佳效益。而主体参与课堂中的生生小组合作、师生共同探究是体验式学习的有效方法。

历史学科不同于其他学科，其体验式学习的形式也与其他学科的有所不同。为了培养学生的历史思维能力，在主体参与课堂中最受重视的方法就是课堂探究体验法。其具体的操作方法是在主体参与课堂教学模式的合作探究阶段，学生以小组为单位，组内成员之间、组与组之间互相合作探讨，解决教师抛出的既定问题，在这一探究过程中发现、生成新的问题，从而通过对历史问题的探究、体验得出结论，并在这一过程中形成良好的人际关系，培养与他人沟通合作的能力。

课堂探究体验法以认知活动为突破口，在活跃的课堂气氛中，有效推进教学任务的完成，以达到学生在体验学习快乐的同时进行自觉学习的效果。教师可以将探究环节设计成任务驱动式，以鼓励学生临境探索。在教学活动中，教师围绕特定的背景，设计具体的、可操作的学习任务组织教学，学生通过参与、体验、互动、交流、合作来完成任务。在任务的执行过程中，学生充分发挥自身的认知能力，调动已有的认知资源，在实践中应用已有知识解决问题。教师也可以将探究环节设计成角色扮演式，以促进学生入境体验。学生在一种模拟的情境中担任指定的角色，这对学生来说是一种有益的学习体验。角色扮演式探究环节的一般模式是“依据教学内容编写剧本—确定角色—角色表演—思考领悟”。

四、课堂评价反馈法

反馈评价是学生体验活动的重要组成部分。它决定着学生体验的方向和价值，起着调节和强化的作用。教师适时、适宜的评价和肯定对学生是一种肯定和激励，评价应贯穿主体参与课堂的整个体验过程，因此，教师要注重对学生体验过程的评价，根据学生的学习情况，选择适当时机，组织学生交流、评议，引导学生将亲身经历进行归纳、印证，并提炼出自己的感悟和体验。在这个过程中，教师要用宽容的态度对待学生在体验过程中采用的不同思维方式和产生的不同体验、感受，要从注重学生的统一性变为尊重学生的多样性和差异性，努力营造一种民主、和谐的氛围，为学生更深层次的体验提供必要的条件。

韩震教授说过：“教育的目的不是筛选，而是培养学生的成长和发展。”在主体参与的历史课堂中，体验式学习只是途径，学生的发展才是根本目标。教师应重视教学过程中学生的参与性、探索性，强调学生的体验、探究、实践在教学活动中的重要性，注重学生的主动学习和创造精神，提倡参与、合作、调查和讨论等多种学习方式，改变传统的“鸦雀无声”的缺乏创造性和生命活力的课堂，让历史课堂充满生命活力，成为学生生命成长的乐园，让学生的公民品德和历史素养得到提升，从而彰显个体生命的活力和特色。学生的主体参与是建构生命化历史课堂的基点，不管是对社会发展还是对个人成长，都具有深远的意义。

（黄晓芹）

高中地理学科体验式学习探究

在地理学科教学中，主体参与下体验式学习的教学资源的建设直接关系到体验式学习的效用。所有能够改善、促进学与教的人、媒体、策略、方法及环境等都可称为教学资源。主体参与下的体验式学习不再是“填鸭式”的学习，而是挖掘学生自主学习潜力的学习。但是学生在自主学习的过程中可能会遇到许多自己难以解决的问题，这就需要教师做好教学资源的建设，并将此高效地运用到课堂教学中。

一、体验式学习的地位和作用

地理新课程改革的基本理念之一是改变地理学习方式。新课程改革所提倡的学习方式是体验式学习，在教学中教师要根据学生的心理发展规律，从学生的经历与体验出发，安排教学内容，激发学生对地理问题的兴趣，培养其地理学习能力，使学生了解地理知识与地理学科的价值，形成主动学习的习惯。

二、地理教学资源建设的基本原则

1. 全盘把握课程标准

教师必须把课程标准吃透，了解课程标准的主体架构和每个细节，这样才能从一定高度上引领学生进行自主建构，才能在关键的细节上给予学生必要的帮助。

2. 关注学生的阶段性发展

每个学生的成长环境不同，学习的进度、深度和广度也不尽相同，这就要求教师要根据学生的基础和发展情况从多个角度进行课程预设。另外，教师在把握学情的同时应考虑其与整个课程结构的协调程度。

3. 贴近学生的生活实际

在教学资源的建设中，教师必须从学生的生活实际出发，举一些贴近学生生活实际的案例，在对一些细节的处理上要特别注意学生的接受能力，使学生的理解更为深刻。

4. 遵从地理的科学逻辑性

地理学科的科学逻辑性较强，因此在教学资源的建设中，教师应遵从地理的科学逻辑性，提高学生的理解度。只有这样，地理知识和地理规律才容易被学生吸收及内化，使学生搭建起自己的知识逻辑结构，有利于学生独立思考、解决问题。

三、教学资源在地理课堂教学中的运用

1. 择优筛劣，让资源为体验式学习推波助澜

教学资源无处不在，无时不现。教材、报刊、电视、电影、广播、网络、民情风俗、教学基地等都从多方面、多渠道为我们提供了教学资源。但是，教学资源是为教学服务的，如果选用不当，其效果可能会适得其反。

例如，在教学“农业的区位选择”时，为了引导学生进行分析，我查找了很多有关自然因素、人为因素、社会因素的材料。但在筛选资源时，我抓住重点资源如“明前龙井”，以这种直观、新颖的资源，激发和调动了学生的情感，让他们愉快地进行主动学习。

因此，精选教学资源十分重要。在筛选教学资源的时候，教师首先要根据教学目标的需要确定选择的方向，再围绕教学重难点进行精选，并对所选取资源运用的效果进行预设。这样，教学资源才会最大限度地为体验式学习服务。

2. 利用个体差异，生成课堂资源

学生的个体差异也是一种重要的教学资源。在小组合作中，教师可以利用生成性问题形成过渡性问题，从而引出逻辑性问题。

例如，有位学生在学习“三圈环流”时提出副热带高气压带是否会遇冷收缩下沉的问题，我以这一问题引导学生进一步生成了热力环流形成的根本原因及三圈环流与热力环流的联系和区别的问题。

3. 恰当利用学生感兴趣的资源设置悬念

兴趣是最好的老师，教师应该抓住学生的学习兴趣之所在，开发和利用资源，引领学生解决更多的困惑，发现更多的问题，并产生解决自己发现的问题的强烈欲望。很多时候，一首好歌、一个好故事、一段精彩的影

片都是极好的教育资源。如果教师能适当地把学生感兴趣的资源引入课堂，一定会收到良好的教学效果。

4. 重视教材中的插图

教材中的插图作为课程资源的一部分，不但不能忽略，而且要摆在重要位置，因为这是和教学内容紧密相连的，是编者精心组编的，所以在实践，教师要结合插图的不同教学功能，将其应用到教学资源建设上，使文本与插图相得益彰。

虽然插图为学生提供了大量的信息，但是教材中的插图都是黑白相间且静止不动的，其内涵也有一定的内隐性。如果教师能设法让插图“动起来”，即通过幻灯片显示、计算机辅助教学或小品剧等方式来演绎，那么体验式学习的课堂就会变得容量大、信息多、趣味性强和效率高，学生的心理就会处于兴奋状态，思维会变得活跃，参与意识也会增强。例如，在开展“围绕环境与发展问题的悲观派与乐观派大论战”这一活动时，我通过播放影片片段补充了关于全球环境现状与发展的资料，使学生饶有兴趣地去思考、感知。

5. 利用地理微视频

教师可以运用多媒体技术，把地理学科中的知识点做成微视频，一个微视频花不到三分钟就能解决一个问题，从而大大节省学生的自主学习时间，提高课堂效率。

微视频的制作需要运用现代化教学手段，如电影、电视，尤其是计算机辅助教学，代替过去把黑板、粉笔作为教具的传统教学模式。这既可以提高学生的认识能力，也可以培养学生的学习兴趣。把动画、图像、声音融合起来，把学生带入一种心旷神怡的境界，使其有身临其境之感，这样就能激发学生的学习热情，收到良好的教学效果。因此，多媒体技术的应用已成为现代化教学的重要标志，运用多媒体教学能使教学如添双翼，达到最佳的效果。

四、总结

教学资源主要依靠教师去开发，主要面向学生来使用。在主体参与下的地理体验式学习中，教师应该进一步考虑学生的思维水平和生活经验来有针对性地开发教学资源，因为教学资源不仅为教师的教学服务，更为学生的体验式学习服务。这是现代化教学的一个发展趋势。

附："常见天气系统"课堂实录片段及课后反思

一、课堂实录片段

【教师提问】同学们，分析气旋的特点可以从日常生活着手，请研究一下平常生活中水槽里的塞子拔掉之后水是如何流动的，为什么呢？

【教学资源】多媒体展示模拟对比实验：南半球水槽的水流情况和北半球水槽的水流情况。

【学生主体参与体验】

观察现象：从两组模拟对比实验中，我们发现南半球水槽的水流呈顺时针从四周流向中心，北半球水槽的水流呈逆时针从四周流向中心。

发现问题：(1) 水从四周向中心流动的原因是什么？(2) 就北半球而言，为何呈逆时针方向？

探讨问题：(1) 水从四周流向中心是因为中心的塞子拔掉之后，中心的水位相对下降，由于地心引力的作用，水从高处流向低处。(2) 就北半球而言，受地球自转偏向力的影响，水平运动物体的方向相对偏右，故而呈逆时针方向。

【教师提问】就北半球而言，水平运动物体的方向受地球自转偏向力的影响，相对于原始方向向右偏离。而对于从四周流向中心的水平运动物体的偏向，请同学们小组合作探究。

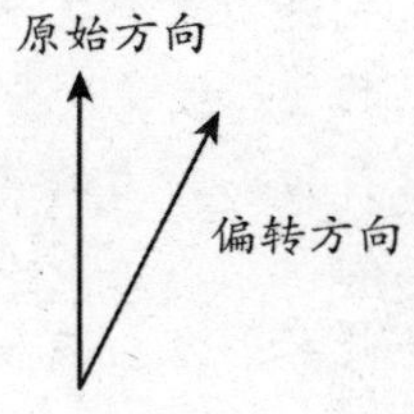

【教学资源】

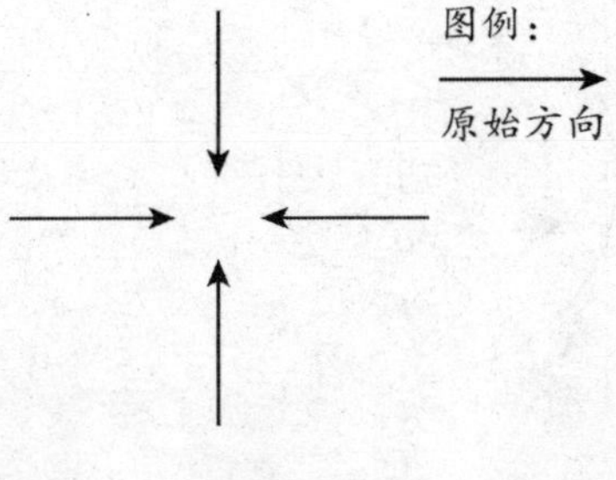

【学生主体参与体验】在原始方向的基础上，用空心粗箭头表示偏转方向，根据水平运动物体受地球自转偏向力的作用，分析水平方向上四个代表性的原始方向的偏转情况，形成整体的逆时针方向。

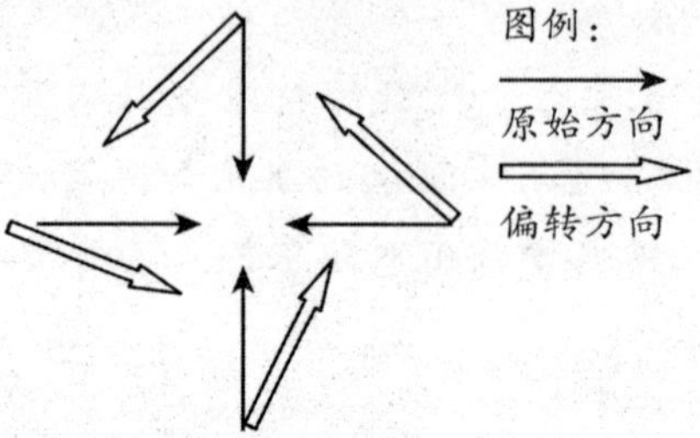

【教师提问】就北半球而言，从同学们的探究体验中可以进一步分析气旋水平方向气流的特点。请大家回顾学过的知识，分析气旋水平方向的气流为何从四周向中心流动。

【教学资源】

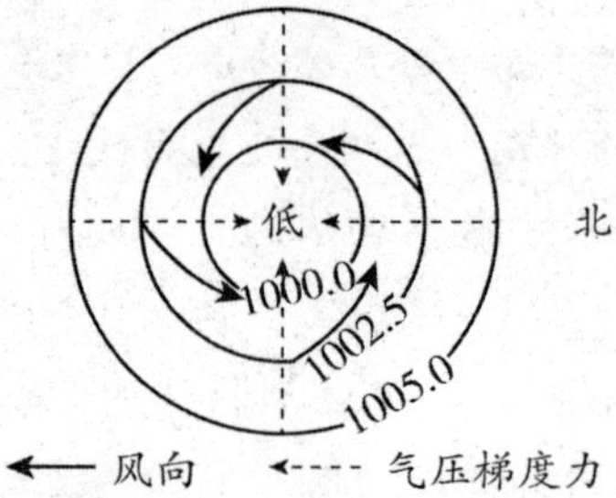

北半球气旋

【学生主体参与体验】

分析：从图中可以看出，气旋中心的气压最低，根据空气的水平运动规定，气旋的气流从四周较高的气压区流向中心较低的气压区。

提炼：同时，由于受地球自转偏向力的作用，气流向右偏转呈逆时针方向从四周向中心流动。

推理：同样，南半球的气旋水平方向应该呈顺时针方向从四周向中心流动。

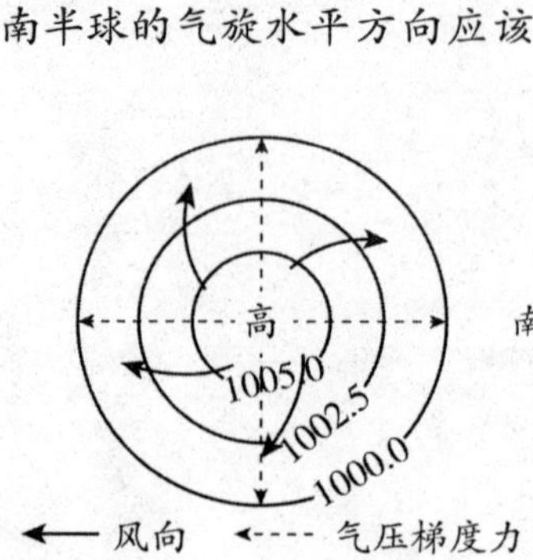

南半球气旋

【教师提问】同学们分析得比较到位。那么气旋的垂直方向特点是怎样的呢？对天气的影响如何？

【教学资源】

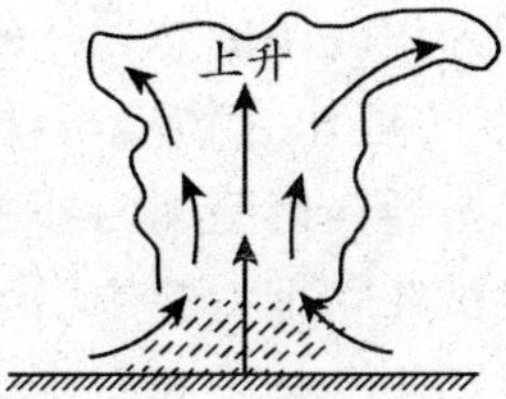

【学生主体参与体验】

观察现象：气旋的中心气压较低，垂直方向为上升气流。

发现问题：是由于中心气压较低导致垂直方向为上升气流，还是由于垂直方向是上升气流才导致中心气压较低？

探讨问题：根据热力环流的原理，由于近地面空气冷热不均，导致热的地方空气膨胀上升，使得相应的近地面形成低压区。

提炼：气旋高空的中心区域为高压区，水平气流从中心向四周呈顺时针方向流动。

拓展：由于气旋的垂直方向为上升气流，水汽遇冷凝结，易形成阴雨天气；台风是热带气旋发展的结果，会带来狂风暴雨。

二、课后反思

在高中地理教学中，教师经常会遇到一些难以使学生理解与掌握的内容。若局限于传统的教学方式与手段，那么在教学实施过程中，就很难突破这些重点与难点。主体参与下的地理体验式学习对学生的自主学习和教师对教材的处理提出了较高的要求，这就体现出教学资源建设的重要性。学生通过小组合作对教师预设的教学资源不断进行深入探究，从而体验知识或规律的再现过程。

在本课教学中，主体参与下体验式学习的教学资源在学生分析气旋的水平方向和垂直方向气流的特点时起到了重要的作用。在教学资源的建设和运用上，教师从教学实际和学生生活出发，充分考虑学生的思维特点和思考能力，在课堂教学中使学生体验知识的再现过程和思考的乐趣。

（陈江宏）

高中物理学科体验式学习探究

着力改变学生的学习方式，倡导学生合作参与、主动探究，培养学生的创新精神和实践能力是新课程改革的主题。新课程理念，特别是提升学生的主体性理念和以人为本的理念为物理教学提供了广阔的空间。近年来，我校以现代教育理论为指导，借鉴国内外主体参与课堂教学的实践经验，结合学校自身特点，尝试在物理教学中引导学生进行体验式学习。体验式学习集知识、实践与反馈于一体，相对于讲解、说教和分析，学生在体验式学习中获得的体验是深刻的，甚至是刻骨铭心的。体验式学习既能使学生对概念、规律的理解更清晰，又可以培养学生积极的情感、态度和价值观。

一、物理学科需要体验式学习

新课程改革突出强调以创新精神和实践能力培养为重点，建立新的教学方式，促进学习方式的变革。《全日制普通高中物理新课程标准》明确指出，“高中物理课程应促进学生自主学习，让学生积极参与、乐于探究、勇于实验、勤于思考。通过多样化的教学方式，帮助学生学习物理知识与技能，培养其科学探究能力，使其逐步形成科学态度与科学精神”。此外，物理新课程特别强调学生在学习过程中的参与、活动、操作、实践、调查、探究和经历等。物理课堂教学应进一步发挥学生的主体作用，尊重学生的主体感受，让学生进行主动的学习和体验。

物理学习离不开体验。如物理概念作为陈述性知识，往往是一些简单抽象的词汇，如果学生缺乏具体的、感性的认识和经验，就会始终无法深刻地理解。又如，物理精神和物理文化属于隐性知识，对这类知识的学习要通过一定情境下的影响和熏陶，使学生产生深刻的感受和心理体验，才能最终实现。所以，物理学科需要体验式学习。

二、体验式学习的特征

依据相关专家和实践者的理论、经验、观点，体验式学习的典型特征是，它为学生提供真实或模拟的环境和活动，让学生通过个人在人际活动（团队）中的充分参与来获得个人的经验、感受、觉悟并进行交流和分享，然后通过反思、总结将实践提升为理论或成果，最后将理论或成果投入到实践应用中去。

体验式学习尤其关注“四个提供”：一是为学生提供参与和体验目标；二是为学生提供可靠的参与过程；三是为学生提供反思（自省）、交流的机会；四是为学生提供有层次、有深度和有意义的引导。

体验式学习尤为关注学生在学习过程中产生的内心体验和行为体验，通过改变学生的学习方式和教师的教学方式，为学生建构一种开放的学习环境，最终目的是培养学生的创新精神和实践能力，发展学生的个性。它着力于学生的体验，在“做中学”“研中学”“思考中学”，鼓励学生主动探究、亲身体验，教师只是指导者和帮助者。

三、体验式学习的策略

学习活动本身是一个循环系统，起始于经验，跟随的是反思，最后导致的是行动，而行动又成为下一步用于反思的具体经验。在学习过程中，处于核心地位的是对经验的加工，尤其是对经验的批判性反思。根据体验式学习的特征，结合物理学科的特点，我们在所教班级中尝试推行体验式学习，形成了一套可行的体验式学习操作方案，促进了高中物理新课程改革。

1. 体验的准备阶段——创设情境，激发兴趣，准备体验

物理学家杨振宁说过：“成功的真正秘诀是兴趣。”学生有了兴趣，就会产生强烈的求知欲，学习的主动性和积极性就能得到最大限度的发挥。适宜的情境既能激发学生的学习兴趣，又是学生进行体验式学习的开端。体验式学习的主体是学生，但其设计者是教师，所以教师要广泛收集资源，选取有助于学生学习的情境材料，围绕体验式学习的目标，关注学生的最近发展区，诱发学生的积极感悟。教师可以从解决生活、生产中的实际问题的角度创设体验情境，从解释社会新闻事件的角度创设体验情境，通过实验创设体验情境，通过组织活动创设体验情境，利用物理学史中的小故事创设体验情境等。通过这些途径创设的体验情境，可以引发学生的情感，启发学生的体验，使他们感受人文精神，生成领悟能力。例如，用新颖、有趣的实验引入新课，一定会吸引学生的注意力，并使物理知识更富有表现力。又如，教学“力的分解”时，以帆船逆风航行、犁耕田等学生熟知的、鲜活的生活情境引入课题，能很快将学生的注意

力集中到新课的学习中来。

总之，创设的情境既要与物理知识相关联，又要与学生已有经验相契合，让学生在如临其境的感觉中进行体验和思考，走出“愿学”“想学”的第一步，进而产生求知欲。

2. 学生体验阶段——科学设问，实践感受，引导体验

学生对物理情境有了初步的观察、思考、反思、实践等体验后，要想进一步形成物理概念和规律，就少不了对概念、规律的抽象概括，使认识得以升华。这个阶段，教师要特别注意根据学习内容的特点和学生的认知规律，合理设计体验活动，指导学生掌握获得感悟或体验的方式和方法。学生通过丰富多彩的参与形式进行行为体验和心理体验，形成概念观念，可以在“提出问题—设计实验—探究”的实验探究中体验，也可在“大量实例—寻找共性”的归纳反思中体验，还可以循着先人的足迹在物理历史长河中体验物理学史，感悟人文精神……

例如，在“力的分解”一课中，要对三角支架上的力进行分解，这对学生而言有点难度。因为其中重力产生的效果比较抽象，学生对分力的方向难以把握，很可能理解为图 1 所示力的效果。在这种情况下，如果只是教师讲，让学生被动地接受知识，课堂教学效果将大打折扣。如果教师能科学地设计教学活动，引导学生体验，则会收到事半功倍的效果。学生体验过程的设计安排如下所示。

小组合作进行图 2 所示实验，中指套上细绳，掌心与筷子接触，体验钩码重力产生的作用效果并讨论交流：

（1）中指和掌心有什么感觉？

（2）这种感觉说明筷子末端悬挂钩码后产生了怎样的作用效果？

（3）若用两个力来代替钩码的拉力，这两个力的方向是怎样的？

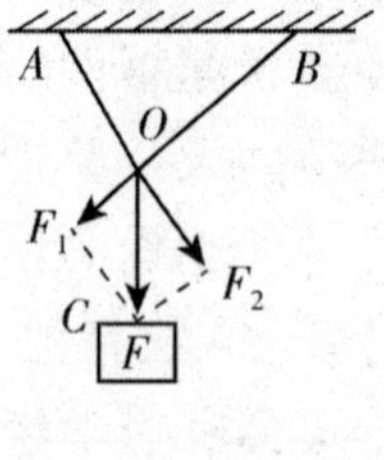

图 1

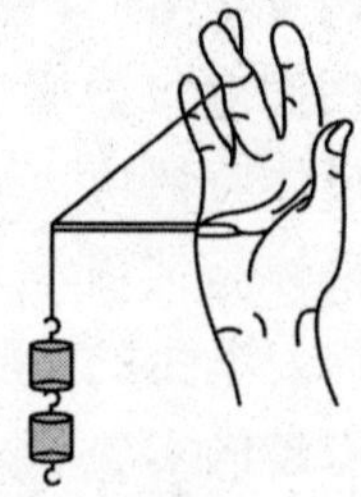

图 2

通过这个小实验，学生有了切身体验，感受到力的作用效果，加深了

对难点内容的理解。所以，在学生形成概念、规律的过程中教师要注重对学生的引导。尤其要注意，科学引导的关键不在于问题数量的多少，而在于问题的设置是否合理，在于问题能否启智诱思、是否具有探讨价值。在教学中，教师应设计不同梯度的教学活动，让每个学生都有参与的机会，都能在体验中获得成功，从而保持学生对物理课的持久兴趣。

3. 体验内化阶段——相互交流，加深感受，内化体验

学生个体在体验活动中的感受总是不全面的，因此，在物理课堂上，教师应多开展师生之间、生生之间的讨论交流活动，让学生及时把自己的体验表达出来，并用他人的体验来完善自身的体验。通过讨论，大家畅所欲言，各抒己见，使原本的“一对多”、一讲到底的模式变成“多对多”的交互模式，让学生在课堂上“唱主角”，这样既充分调动了学生的积极性，又培养了学生分析问题的能力和人际交往能力。此过程是学生对物理研究方法、物理思想、物理科学精神的体验内化阶段，是学生学习的关键阶段。学生在师生、生生交流中进一步梳理自己的感受，从不同的角度理解物理概念、规律，使自己的理解更清楚、更明确、更系统，从而使体验更全面和深入。体验式学习不只是简单地强调学生要在体验中获得新知识和新能力，而是关注学生对经验的总结和反思，强调学生在掌握知识、技能的过程中不仅能知道、能行动，而且能从深刻的反思中获得经验的提升。

例如，在教学“重力势能”时，我给学生讲了这样一个故事：我的一位亲戚是一个包工头，一天他到工地上视察，在六楼发现电工安的电线有问题，于是，他就喊正在一楼维修电机的电工。就在电工抬头观望时，从六楼落下的一块麦粒大小的石块打在他的头上，过了一会儿，他的头上居然渗出血来。一块麦粒大小的石块为什么有如此大的破坏力呢？虽然学生都听说过类似的事件，但还不能用科学的物理语言来解释。听了这个故事，学生兴趣大增，议论纷纷，在讨论中不仅知道了重力势能，还理解了重力势能与高度有关，对这一知识就有了感性和理性的全面认识。

4. 评价反馈阶段——归纳迁移，主动应用，成就学生的体验

“评价是一盏灯，能点亮学生学习前进的方向。”新课程改革倡导“立足过程，促进发展”的课程评价，这不仅是评价体系的变革，更是评价理念、评价方法与手段以及评价实施过程的转变。

在教学过程中，学生的积极性是不稳定的，需要教师及时的激励和不断的强化。教师的评价应贯穿整个体验式学习过程，教师应随时关注学生的体验，注意收集他们的学习信息，密切关注他们在体验过程中的行为表现与情感反应，对他们的体验做出及时的评价和鼓励，给他们学习的勇气和信心，使他们体验到成功的快乐，从而提高他们的学习兴趣。

在体验准备阶段，教师要关注学生发现问题、提出问题、提出解决问题设想的意识和能力，使学生以积极的姿态进入体验的过程。在学生参与体验的过程中，教师要以赞许的方式评价学生的参与精神，以肯定的口吻评价学生得出的结论。教师必须尊重每一位学生的不同体验，鼓励学生参与，包容学生在活动中出现的错误，做出委婉的否定，使学生感受到虽然答错了但参与的精神是值得发扬的。学生学了物理知识后，如果能把知识应用到日常生活中，就会感受到收获的喜悦，坚定学好物理的信心和决心，所以物理教学中的体验式学习不能局限于观察物理现象、学习物理规律的层面上，而应该以在生活中运用物理知识为目标，这样既检测了学生的学习效果，又使学生巩固了所学知识，提高了学生的分析、应用能力，使体验式学习的效率大大提高。例如，学了“自由落体运动”知识后，安排学生利用刻度尺测测自己的反应时间；又如，学了“力的分解”知识后，让学生思考、讨论分力与夹角之间的关系，解释刀、斧的工作原理。

教学是一门艺术，教师则是艺术的创造者，其呕心沥血的创造将会结晶为一堂堂的优质课。优质课是我们每个教师的追求，要达到这一目标，就必须改进教学方法，优化课堂结构，转变学生的学习方式。对学生来说，真正的学习不只是物理知识的增长，而是在课堂参与中所获得的体验。因此，教师应积极推行体验式学习，最大限度地培养、提高、发挥学生的创造力，从而激发学生学习物理的兴趣，提高物理教学效率。

（邵娟）

高中化学学科体验式学习探究

在传统的课堂教学中，只要教师课前认真备课，教学按照预定的教学思路展开，学生便不愿意思考问题，更不愿意主动提出问题，教学就会仅停留于模仿、记忆、练习的层面。这种课堂教学严重地忽视了学生的主体地位，忽视了学生的主观能动性，忽视了学生的实践和经验。教师实际上是将上课当成“演教案”，将学生当成接收知识的“容器”。

主体参与下的体验式学习强调探求新知的经历和获得新知的体验，明确教学应以学生为主体，充分调动、发挥学生学习的主动性，把学习过程中的发现、探究、研究等认识活动凸显出来，使学习过程成为学生发现问题、提出问题、分析问题、解决问题的体验过程。下面，我将结合高中化学课堂教学实例阐述自己对主体参与下体验式学习的一些实践和思考。

一、合理设置认知冲突的增长点

在课堂教学中，教师应在学生原有的认知基础上，适时地把新问题呈现在学生面前，打破学生暂时的认知平衡，引起学生的认知冲突，激发学生的主体参与意识，继而引发学生对新知的建构。

如教学“苯酚”一课时，向苯酚钠溶液中通入二氧化碳气体，除生成苯酚外，对于另一产物究竟是碳酸钠还是碳酸氢钠，学生产生了三种不同意见：一部分学生认为是碳酸钠，一部分学生认为是碳酸氢钠，还有大部分学生认为二氧化碳不足时生成碳酸钠，二氧化碳过量时生成碳酸氢钠。

学生对某一问题产生的不同看法形成了认知冲突，学生的好奇心和探究欲望被充分调动起来，我抓住这一有利的契机，引导学生思考：如何设计实验证明苯酚钠溶液中通二氧化碳气体后的产物究竟是什么。学生在操作中发现，向苯酚浊液中滴加碳酸钠溶液后变澄清，滴加碳酸氢钠溶液后无明显现象。于是，他们得出结论：苯酚与碳酸钠无法共存。在进行了积极思考和实验探究后，学生对这一知识点的印象会特别深刻：苯酚钠与二氧化碳气体反应，产物为苯酚和碳酸氢钠，与二氧化碳的量无关。

在课堂教学中，通过接连的认知冲突的诱发与解决，学生的思维能力会得到充分提高，学习的兴趣会愈加浓厚。所以，在课堂教学中有效地设置一些认知冲突，是进行主体参与下体验式学习的保证。

二、引入生活化的资源

主体参与下体验式学习的课堂教学要结合生活资源，让学生感受到化学的真实性、趣味性、实用性。

例如，可以用啤酒或碳酸饮料代替污染严重的重铬酸钾、氮氧化物来说明平衡的存在。将啤酒倒入热的烧杯中比倒入冷的烧杯中产生的气泡多很多；用注射器吸取一些啤酒，用胶帽盖住注射口，然后抽拉活塞，减压结果是产生大量气泡，再用力推动注射器，气泡消失。

又如，豆腐是一种绿色食品，时至今日已有两千多年的历史，其主要营养成分为蛋白质和钙。含有苯环的蛋白质遇硝酸作用显黄色，钙离子遇草酸根离子产生白色沉淀。为了使学生深刻理解这两个知识点，可利用豆腐做如下两个实验：取一块豆腐，滴加浓硝酸；取 2 mL 豆腐溶液于试管中，再逐滴加入草酸钠溶液。

再如，可以用茶水（茶水遇氯化铁水溶液呈蓝绿色）、洗手液（洗手液水溶液遇氯化铁水溶液显紫色）代替苯酚的显色反应，这不但可以使学生认识到酚类物质的性质，还能让学生知道不同的酚遇三价铁离子呈不同颜色，酚也并不可怕，可以用它来造福人类。

在化学课堂中引入生活化的资源，不但能有效提高学生体验课堂的参与度，而且可以使学生深刻地思考生活中的化学现象，主动发现生活中的化学问题，了解化学知识在生活中的广泛应用，增强社会责任感。

三、科学引导学生的插嘴

在传统课堂中，插嘴的学生，轻则会被教师狠狠瞪一眼，重则会被训斥一顿。因为插嘴不但会影响课堂纪律，而且会干扰教师的教学思路，进而影响教学进度。而在主体参与下体验式学习的课堂教学中，教师要正确地看待这一现象，并进行合理的引导。

其实，插嘴的学生几乎都是在认真听讲，头脑在认真思考，也许一时兴起，才说了某些听起来无关的话。例如，在复习“萃取”这一知识点时，我刚讲到如何选择萃取剂，某一学生突然提出萃取剂就像“小三”一样。我并没有批评他，而是借此将做萃取剂的条件和做“小三”的条件进行了一番类比，顿时全班学生对萃取剂都有了深刻的理解，那位插嘴的学生的脸上则洋溢着微笑。所以，对于插嘴，我们不能“一棒子打死”，只要教师合理引导，就能把坏事变成好事。这样既保护了学生的自尊心，提高了他们的学习积极性，又保证了课堂教学的顺利进行。

四、进行师生角色的换位

进行“芳香烃”教学时，我设计了如下教学环节：（1）学生阅读课本，列出本节要点（抽取几位学生展示他们所列的要点）；（2）分组完成苯、甲苯与酸性高锰酸钾溶液反应的实验，同时增加甲苯与溴水混合的对照实验；（3）针对自学和实验中的问题，先小组交流、讨论，再全班讨论。在第三个环节中，学生提出的问题主要有这几个：（1）甲苯与高锰酸钾溶液反应的方程式怎么写？（2）我们小组的高锰酸钾为什么不褪色？（3）苯环上有侧链就一定能与高锰酸钾溶液反应吗？有些问题组内交流即可解决，有些则需要教师点拨、启发、引导。整节课中我讲授的时间不超过五分钟，其余时间我主要扮演观察者、聆听者、裁判员的角色。

这个案例通过师生角色转换让所有的学生都主动参与到课堂中，培养了学生自主学习、合作学习的能力。教师先让学生自己去钻研、探索，当他们快接近答案而又未达到时，教师再帮助他们、引导他们，正所谓“不愤不启，不悱不发”。另外，学生间交流讨论的问题是学生自己提出来的，不是教师预设的，所以学生在答题过程中敢于质疑，敢于讨论，敢于反驳。

五、联系最近发生的社会事件

当学习内容与社会和自然场景结合时，有意义的学习才可能发生，所学的知识才易于迁移到其他知识中。只有在真实场景中获得的知识和技能，学生才能真正理解和掌握，才能在真实生活或其他学习环境中解决实际问题。因此，教师可以联系最近发生的社会事件引导学生进行体验式学习。

例如，在教学“苯的性质”时，我给学生介绍了2014年4月兰州自来水苯污染事件，进而问学生：苯具有怎样的性质？为什么会污染水？怎样应对这场水污染事件？课堂上学生围绕苯的性质展开了激烈的讨论，课堂气氛非常活跃。

又如，在教学“铝”时，我向学生介绍2014年8月2日昆山粉尘爆炸事故的原因为粉尘引起火焰瞬间传播至整个混合粉尘空间，进而问学生：铝箔不能燃烧，而铝粉为什么可以燃烧？学生对这一知识点的印象极为深刻。

再如，在教学“苯的同系物”时，我向学生介绍了2014年4月网络上“毒性之争引发的‘PX’词条保卫战”事件，“PX”为对二甲苯。我问学生：对二甲苯的性质怎样？它能否与酸性高锰酸钾溶液、溴水反应？你对这一事件持什么态度？

现代社会离不开化学，化学与社会紧密相连，尤其是与社会生产以及生命、环境等现代科学的前沿问题有着广泛而密切的联系。在教学中，教师要联系与化学紧密相关的社会事件，设计相应的教学场景，让学生在实际活动中通过参与获得经验、感受，然后通过反思、总结将其提升为理论或成果。

六、用实验展开教学

化学是一门实验性很强的学科，以实验为基础是化学教学最基本的特征。因此，教师可以将化学知识转化为问题，引导学生围绕问题设计实验，从而深化学生对知识的理解。

以“铝及其化合物”中的一个教学片段为例。

师：铝制餐具在20世纪五六十年代非常盛行，现在很多家庭也在使用铝制的锅、水壶、饭盒等。不过，用它们来蒸、煮或长时间存放酸性和碱性食物后会被腐蚀。这是为什么呢？我们设计一些实验来探究一下其中的原因吧。

学生设计实验：将用砂纸打磨过的铝条分别放入盛有氢氧化钠溶液和稀盐酸的试管中。

现象：两试管中均产生气泡。

结论：铝既能与酸反应，又能与碱反应。

师：有学生提出，铝制容器在使用过程中表面应该有氧化铝，氧化铝应该也与酸与碱都反应。我们可以通过实验验证一下。

学生设计实验：将氧化铝粉末分别放入盛有氢氧化钠溶液和稀盐酸的试管中。

现象：两试管中的固体均溶解。

结论：氧化铝既能与酸反应，又能与碱反应。

在本课教学中，教师创造性地改进了教材中的实验。在设计和完成探究性实验的过程中，通过对实验现象的观察，学生不断发现问题，又通过对问题的解决、对实验现象的分析不断深化对铝及其化合物性质的认识。

理想的化学教学过程的每一步都应由学生通过主动思考提出问题，再通过分析、对比设计实验，教师在这一过程中要通过提问巧妙地对学生做适当的引导，以减少学生探究的盲目性，使学生在探究、改进、反思、再实验、总结的过程中体验科学研究的一般思路和方法，为学生养成自主学习的习惯奠定基础。

七、故意使用对学生示弱的策略

教师的故意示弱，可以缩小师生之间的距离，激发学生的学习兴趣，促进学生主动思考。

例如，配制 100 mL 1 mol/L 的氯化钠溶液时，我故意不露声色地设计了两种错误的实验方案：将 5.9 g 氯化钠放入烧杯中，再用 100 mL 容量瓶取 100 mL 水倒入烧杯中，用玻璃棒搅拌；将 5.9 g 氯化钠直接放入容量瓶中，再向瓶中加水至相应的刻度线处。然后我提问："我演示的实验方法正确吗？请同学们看课本，然后对我的做法做出评价。"

又如，教学"碳酸钠和碳酸氢钠与稀盐酸反应"时，请一位同学和我一起做实验：将两个各装有 1 g 碳酸钠或碳酸氢钠粉末的小气球分别套在两个试管口，将气球中的粉末同时倒入分别加入 2 mL 同浓度稀盐酸的试管中。在合作实验过程中，我故意慢半拍，使实验未取得预期的结果，从而引导学生得出实验设计必须遵循的两个重要原则，即科学性原则和控制变量原则。

教师故意示弱是一种姿态、一种智慧，不仅不会贬损教师的形象和权威，反而会提升教师的亲和力，提高学生的主体参与体验度。

八、巧用课堂意外资源

例如，教学"铜和浓硫酸反应"时，反应的现象是试管中颜色变为蓝色。学生动手做实验时，却看到有大量黑色固体生成，溶液并没有变蓝色。此时，我也很惊讶，难道参考资料上的实验现象错误？我立即让学生合作交流讨论：黑色固体是什么？如何使之变蓝？通过进一步的实验，学生将试管中的产物冷却后倒入盛有水的烧杯中，溶液立即变蓝。此时学生情绪高涨，感受到了成功的喜悦。

又如，教学"钠的性质"时，在演示将钠投入滴有酚酞的 0.1 mol/L 稀盐酸的实验前，我先让学生描述实验现象："钠浮在液面上，熔化成小球，四处游动，有爆炸声，钠球运动轨迹上有红色，但很快消失。"接着我问："若把等量的钠投入滴有酚酞的 36.5%的浓盐酸中，会看到怎样的现象？"学生异口同声回答："会更剧烈。"我也支持学生的判断，并当场演示。结果让人大吃一惊：反应平稳，无火星，有白雾，在钠球运动轨迹上未见红色，但有大量白色颗粒坠落。我马上镇静下来组织学生讨论：为什么没有出现预期的现象？可能的原因是什么？经过讨论交流，我们得出结论：钠和浓盐酸反应生成的氯化钠在浓盐酸中溶解度很小，阻挡了钠和氢离子的接触，从而降低了反应速率；浓盐酸挥发出大量白雾，隔离了空气，使产生的氢气不能燃烧爆炸。

化学实验的现象常与反应条件或外在因素有关，在实验中出现意外既是偶然也是必然。但意外常蕴含着丰富的科学价值，是难得的教学资源。遇到意外，教师不能回避，不能搪塞，而应组织学生深入讨论、探究，这样才能提高学生的主体参与体验度，促进教师教学智慧的发展。

教学过程不仅是一种特殊的认知过程，更是一种情感过程、探究过程、交往过程。教学过程最本质的目的是充分关注学生的主体参与体验的能力，关注学生的全面发展。只有让学生自觉投入学习，亲自体验求知的快乐，才能真正激发学习的兴趣；只有让学生多一些探寻结论、发现问题的体验，才能真正形成科学的态度，培养良好的学习习惯。

目前，我对主体参与下体验式学习的探索还不够全面，只是在自己的教学领域中做了一些初步的尝试和探索，很多想法也不够成熟。在今后的教学实践中，我将不断总结经验，使其进一步完善和丰富。

附：“无机框图推断题”教学过程及课后反思

无机框图推断题是江苏省学业水平测试（以下简称“学测”）化学必修科目的必考题，每年一道，主要涉及元素及其化合物的知识，属于较难题，大部分学生都对此望而生畏。我在2014年12月底在我校高二（8）班上了一节公开课，反响很好。学生在课堂中充分讨论、总结了无机框图解题的一般突破口，不但在不知不觉中复习了元素及其化合物的知识，而且掌握了无机框图推断题的解题方法。

一、教学过程

师：一轮复习已经结束，元素及其化合物部分是我们考试的重头戏。我们对元素及其化合物之间转化的关系掌握得怎么样呢？下面我们做一下课前检测。

写出下列反应的化学方程式和离子方程式：钠和水反应，铜和稀硝酸反应，铝和氢氧化钠溶液反应，向氯化亚铁溶液中加入氯水，氯化铵和氢氧化钠溶液加热反应。

学生写好后，同桌交换，对照课件批改。

【设计意图】从课前预习的方程式中抽出五个进行检查，既考查了学生的预习情况，也为之后例题的讲解埋下伏笔，降低难度。当然这也是学生易写错的、考试出现频率比较高的方程式。

师：少数同学对以上五个方程式掌握得不是太熟练，并没有达到考试的要求。我们来看一下2015年江苏学测化学考试说明对元素及其化合物部分的要求。

出示2015年考试说明的要求。

测试内容	测试要求
通过对钠、铝、铁、铜及其化合物之间转化关系的认识和比较，体会学习元素化合物知识的一般方法。	BⅡ
通过对氯、硫、氮、硅等非金属及其重要化合物有关知识进行归纳与整理，体会学习元素化合物知识的一般方法。	CⅡ

注：本说明涉及认知性测试、技能性测试和体验性测试三类学习目标。相应地将认知性测试要求由低到高分为A、B、C、D四个水平层次，技能性测试要求由低到高分为a、b、c三个水平层次，体验性测试要求由低到高分为Ⅰ、Ⅱ、Ⅲ三个水平层次，高水平层次的测试要求包含低水平层次的测试要求。

师：命题者在试卷中是如何体现这些要求的呢？请看2014年江苏学测化学试卷中的第25题——无机框图推断题。

出示2014年江苏省学测化学试卷第25题。

有关物质的转化关系如下图所示（部分物质和条件已略去）。A是海水中含量最多的盐，B、E、F是气体单质，C是金属单质，X是能使湿润红色石蕊试纸变蓝的气体，Y是最常见的无色液体。

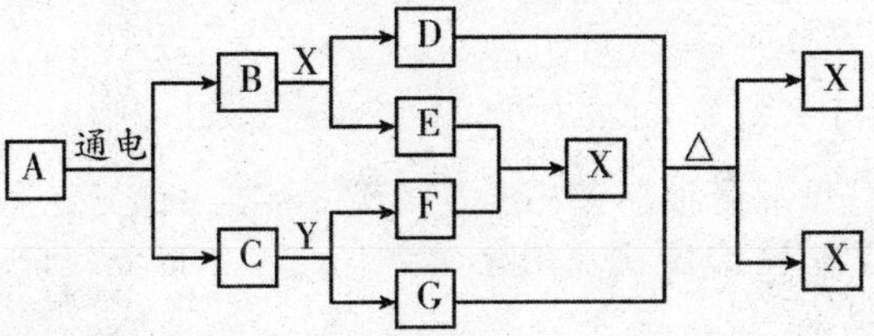

请回答下列问题：

(1) X的化学式为______。

(2) E的电子式为__________。

(3) 写出C与Y反应的化学方程式：____________________。

(4) 写出D溶液与G溶液反应的离子方程式：________________。

师：同学们解这类题时常常遇到不少困难，本节课我就来帮助同学们解无机框图推断题。

【设计意图】出示考试说明的要求和2014年的真题，让学生真正感受元素及其化合物在考试中的重要性，了解自己与考试要求的差距。

学生围绕该题进行思考与交流。

选取学生代表谈谈本题的解题过程。

教师引导学生归纳解题的一般思路：审题—找突破口—推断验证—答题。重在突破口的寻找，突破口就是特殊，如特殊的颜色、特殊的现象、特殊的化学反应等。

【设计意图】教师和学生共同总结无机框图推断题的突破口，是本节课的重点。此处涉及的知识非常多，需要学生具备扎实的基础知识。对于特殊的化学反应，教师需要帮助学生归纳总结。

学生运用以上归纳的解题突破口，解决2013年江苏省学测化学试卷第25题。

有关物质的转化关系如下图所示（部分物质和条件已略去）。B、C、E是常见气体；A、X、Y是常见金属单质，其中Y既能与强酸反应，又能与强碱反应；G的焰色反应显黄色；I的溶液呈黄色。

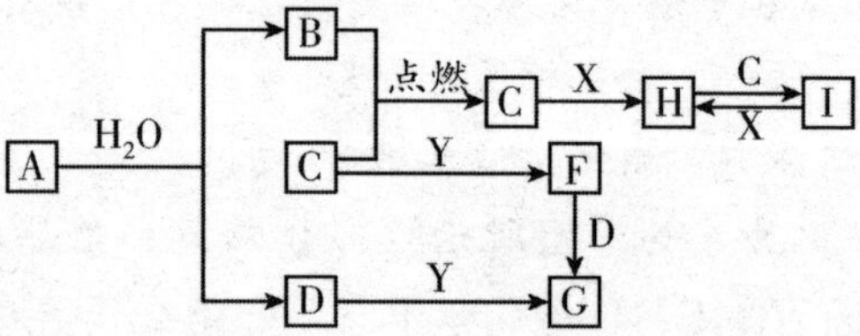

请回答下列问题：

(1) F的化学式为__________。

(2) E的电子式为__________。

(3) 写出Y和D溶液反应的离子方程式：________________。

(4) 写出C与H溶液反应的化学方程式，并用单线桥标出电子转移的方向和数目：____________________。

【设计意图】让学生将学到的知识立即投入到实际应用中去，检验实战效果。

教师总结解题思路：审清题意，在框图中尽量把相关的信息标注出来；找到解题的突破口；综合分析推理，初步得出结论；将结果放入原题中检验，完全符合才算正确。还要注意答题要规范，切忌答非所问。

【设计意图】总结无机框图推断题解题的一般方法，特别是答题要规范，使学生掌握大致的解题思路。

学生当堂检测，出示如下练习题。

下列框图所示的物质转化关系中，甲是日常生活中常见的金属，乙、丙、丁是常见的气体单质，气体B与气体C相遇产生大量的白烟，D是海水中浓度最高的盐（部分反应物和生成物及溶剂水已略去）。

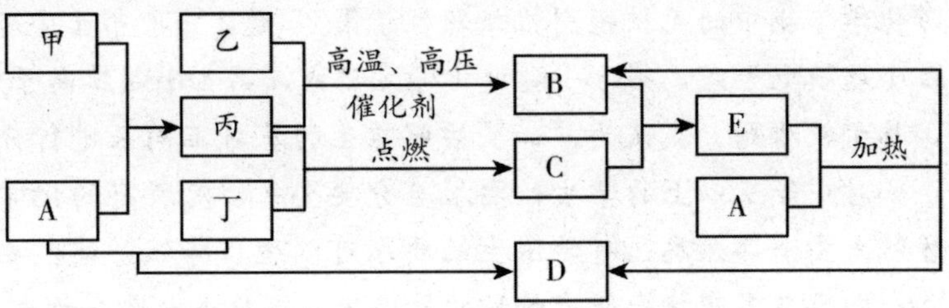

请回答下列问题：

(1) A的化学式是________，B的电子式为________。

(2) A、丁反应生成D的离子方程式：________________________。

(3) 甲和A反应的离子方程式：________________________。

【设计意图】检查本节课的学习效果，进一步巩固考试中无机框图推断题的解题方法。

二、课后反思

本节课是高二的一堂复习课，在教学中，我以学生为主体，让学生在体验两道江苏省学测真题中掌握无机框图推断题的解题方法。

我们先进行五个方程式的默写和互批，再以2014年江苏省学测化学试卷中的第25题为例，对无机框图推断题的一般解题思路展开讨论，重在寻找突破口。我与学生共同讨论、归纳，得出突破口就是特殊，如特殊的颜色、特殊的现象、特殊的化学反应等。然后运用这些突破口解决2013年学测化学试卷中的第25题，再总结无机框图推断题的解题方法和答题要求。最后用一道练习题当堂检测学生的学习效果。

本节课选取的两道真题比较典型，能让学生真切地感到此类题的重要性，所以本节课需要认真听讲、认真对待。一上课就进行方程式的默写检查，说明重基础。通过互批，学生了解自己与其他同学的差距，逼迫自己要迎头赶上。对突破点进行讨论时，不少学生归纳得不是很到位、全面，特别是难以总结出特殊的反应，这说明部分学生对方程式还不是很熟。其实，突破口远不止特殊的颜色、特殊的现象、特殊的化学反应，还有特殊的用途、特殊的反应条件、特殊的结构、特殊的性质等。从位、构、性、用这四个方面归纳可能会更全面，但会造成本课容量过大，使学生难以全部掌握的状况。而且江苏省化学学测中的无机框图推断题的突破口一般比较明显、简单，多是从特殊的颜色、现象叙述的，特殊的化学反应已经算是比较难的了。

江苏化学学测中的无机框图推断题位于第 25 题，一般第 1 小题填化学式，第 2 小题填电子式，第 3 小题填化学方程式，第 4 小题填离子方程式，共 6 分，属于较难题。我认为，如果按照学生的基础不同来进行分类要求比较好，如对中等及以上的学生，要求 6 分要全拿，对所有的化学方程式和离子方程式要全部熟悉；对学困生的要求可以适当降低一些，要求此题应有分拿，即要在不能推出所有物质的情况下能够猜出大部分物质。

本节课只提供了无机框图推断题解题的一般方法，重在对突破口的寻找，关键是学生对元素及其化合物知识的熟练程度。

（薛峰）

高中生物学科体验式学习探究

生物学是一门以实验为基础的自然科学。许多生物现象只有通过实验才能得到解释，各种生物体的结构必须通过实验才能观察清楚，生物学的理论也是人们通过实验总结出来的，所以实验在生物教学中占有非常重要的地位。

由于历史等原因，我国的生物实验教学起步较晚，而且传统的实验教学采用的基本是模仿学习教学模式。这种教学模式的弊端体现在以下几个方面：教学过程公式化，课堂上都是教师演示，学生模仿；教师讲得多，学生动手少，甚至完全处于被动的状态，这使他们很少或根本无法主动参与并认真思考，严重地抑制了学生的主体参与意识和创新意识的发展，背离了以人为本的素质教育的宗旨；有些教师只简单地交代几句，然后放手让学生去做，这样，学生虽然充分地动手了，但是由于缺乏正确的理论指导，所以无法形成熟练的生物学实验技能。

因此，要想让学生真正进行体验式学习，从而主动参与到实验中来，改良生物实验课的教学模式是势在必行的。在我校推行的主体参与课堂教学模式的风潮下，我总结了在生物实验课中实现学生体验式学习的几种尝试。

一、让学生自主探究发现，培养创新能力

生物实验教学需要教师安排大量的时间，精心设计一个让学生自行动手探究实验技能、应用技能的过程。学生通过动手、观察、实践、思考等活动，使探索能力得到充分的发挥，由此达到认识事物、学习知识、掌握技能的目的。

以“比较过氧化氢在不同条件下的分解”一课为例，最初我的思路是先让学生模仿课本操作步骤，待他们操作结束后，我再提出有关实验结果的问题让他们进行思考。这样做的结果是，学生只能机械地模仿，而没有真正学会实验设计及分析的技能。其原因是在模仿学习教学模式中，学生只是被动地完成每个步骤，没有真正作为主体全方位地参与教学活动。经过一段时间的实践，我将模仿操作改为探究发现，课堂上我在讲解了探究的过程和方法后，不是让学生模仿现成步骤进行操作，而是让学生自己去寻找解决问题的方法，或让学生相互合作，共同讨论实验设计方案，然后实施方案，并尝试分析实验结果，总结实验成败的原因。在这样的摸索中学习，学生的探索能力和创新能力得到了极大的提高。

二、让学生自主尝试，培养实践能力

在以往的实验教学中，教师总怕学生学不会，便对每一个步骤都认真、详细地讲解和示范，占去了一节实验课的绝大部分时间，留给学生自主学习的时间却很少，学生的主体地位就体现不了。

为了加强生物实验课对学生实践能力的培养，引导学生自主学习，优化课堂教学模式，我将教师讲解变为学生尝试，初步实现了学生的主体参与。

例如，教学“探究影响酶活性的因素”一课时，我将教学过程设计为导入、自主学习、师生共同研讨、总结提升、进一步探究五个部分，

让学生分组操作、共同讨论，真正做到了把时间让给学生。通过动手操作，学生的学习结果得到了及时的反馈，有助于拓展学生的思维，培养学生的实践能力。

三、让学生合作学习，培养合作能力

实验课与理论课一样都是大班上课，五六十人在一起做实验，六七个学生为一个小组，实验过程中学生往往是看得多、做得少。而且由于人多，教师也只能走马观花地指导实验，学生还没明白怎么回事，教师就到其他组去了。一节实验课下来，教师累得够呛，学生还没学到什么，实验效率极低。

要培养学生的实验能力，就应该让学生学会合作、充分交流，这样才能提高实验课的课堂效率。特别是对于一些操作起来较难的生物实验，小组合作是一种非常有效的方式。更重要的是，学生通过小组合作，能学会与人合作的方法、与人相处的技巧。学生在实验课上可以分小组进行以下活动。

1. 小组内合作学习

小组内合作学习使每个学生都有操作、质疑的机会，使每个学生都能动手动脑，提高实践操作能力。在这个过程中，教师可以发现、培养能力较强的学生，使其成为小组长。

2. 小组内、小组间共同研讨

通过小组内和小组间对同一问题的研讨，学生相互启发，取长补短，拓宽思路，产生“三个臭皮匠赛过一个诸葛亮”的效应，有利于创新思维的发展。

3. 小组间竞赛

小组间的竞赛有利于培养学生积极进取的意识，有助于形成学生的集体主义观念。

以上就是我在开展生物实验课的过程中，为了最大限度地调动全体学生学习的积极性、主动性，充分发挥学生的主体作用，实现学生的体验式学习，所进行的一些初步的实践尝试。与传统的实验教学模式相比，这种模式更能提高学生的实验素质，更有利于培养全面发展的综合型人才，体现真正的素质教育。

附："探究影响酶活性的条件"实验教学过程及课后反思

一、教学过程

程序	教师活动	学生活动	设计意图
提出问题，做出假设	教师导入：我们班大多数学生都是寄宿生，平时辛苦学习的同时，不少人都要自己动手洗衣服，要洗衣服就离不开洗衣粉。现在好多人使用的都是加酶洗衣粉，你知道用加酶洗衣粉的时候应该用什么温度的水吗？ 教师提问：那么，你觉得哪些条件会影响加酶洗衣粉中酶的活性从而影响洗涤效果呢？你的依据是什么？ 教师对学生的观点给予评价，导入主题。	学生回答：温水。 学生进行分组讨论与交流，结合所学知识提出自己的观点。	由学生已有的知识和生活经验导入，创设问题情境，激发学生的探究欲望，体现了体验式学习的寓教于乐、学以致用、虚实结合的理念。
主动探究，设计实验	教师引导学生根据准备探讨的问题，从教材所给的器材中选择最合适的，并回顾实验设计的注意点。 教师与学生共同讨论这些方案的科学性及优缺点，并引导学生进行修改。	学生选择器材，回顾实验设计注意点。 学生小组讨论，形成实验方案，与教师讨论后做必要的反思、修改，并把小组要探讨的问题、假设、实验的步骤及预期的实验结果写在实验报告纸上。	使学生亲身参与探究过程，有利于对学生探究能力的培养。 对方案的评价、修正有利于培养学生的批判性思维。

（续表）

程序	教师活动	学生活动	设计意图
分组实验	教师提示：下面就根据大家设计好的实验步骤进行实验操作，大家要注意观察并记录实验的现象。 教师巡视，与学生讨论并解决实验中的一些具体问题，如有的学生在实际操作时没有注意控制无关变量，有的学生设计的实验步骤有问题导致实验结果失真等。	学生根据本小组的实验方案进行分组实验，并及时记录实验现象。	有利于增强学生的动手操作能力，培养学生的基本实验素质。
分析实验结果	教师提出问题串，引导学生分析实验结果并分组汇报交流。 (1) 哪支试管中酶的活性最高？你是怎样得出这一结论的？ (2) 出现了什么实验现象？这些现象与你们的预期结果一致吗？如果一致，说明什么问题？如果不一致，又说明什么？ (3) 尝试用已有的知识分析出现这种结果的原因。	学生从三个方面分小组汇报交流。	在分析、交流结果的过程中，学生的分析和表达能力都得以提高。
得出结论	教师提问：根据实验，我们能得出什么结论？	学生回答：酶的活性受温度、pH 值的影响。 学生把结论填到实验报告纸上。	

（续表）

程序	教师活动	学生活动	设计意图
总结提升，变式训练	教师提问：你能用曲线来表示温度、pH值对酶的活性的影响吗？你能解释其含义吗？	学生在黑板上画出曲线并解释曲线的含义。	通过构建探究结果的数学模型并解释其含义，让学生学会从数学的角度看问题，使学生处理数据、解释数据的能力得到提升。
	教师进一步在学生画的曲线的基础上引导学生思考并分组讨论如下问题：如果温度是从较低升到最适合温度，酶的活性会如何变化？如果是从高温降到适宜的温度又会发生什么变化？如果是pH值呢？	学生先独立思考，再分组讨论，最后汇报讨论结果。	
	教师提问：这两条曲线仅仅是粗略地表示温度和pH值对酶的活性的影响的。如果我们要让曲线更精确些，应该怎么做？	学生回答：设计一系列温度或pH值梯度，多做几组实验，然后根据实验数据绘成曲线。	
	教师引导学生思考因变量的测量方法：你怎么知道实验中酶的催化效率的高低呢？如何测量？	学生回答：测定单位时间内生成物的生成速率或反应物的消耗速率。	
	教师提问：你怎么测？我们强调因变量应该是可测的，但如果没有必要的设备，这个因变量是很难测的吧？	学生陷入思考中。	
	教师引导：如果我们测定不了生成物或反应物的量的变化，能不能换个思路，通过其他方式来反映这种变化呢？	学生分组讨论后回答：测定达到相同实验效果时所需要的时间。时间是可测的，相同的实验效果也是可以观察的。	对学生的弱项进行强化训练，有助于提高学生的科学探究能力。
	教师提问：如果我们想了解实验中的酶的最适温度范围，应该如何用实验得到答案呢？	学生课后做进一步探究。	

（续表）

程序	教师活动	学生活动	设计意图
进一步探究	教师提问：今天我们通过实验探究了酶的一个特性，酶还有什么特性？你认为有关酶的活性的知识对你的生活有什么帮助？ 教师小结：知识的价值在于运用，只有把所学的知识运用到实际问题的解决中去，才能更好地体现出知识的价值。	学生回答酶的特性并讨论与交流这些知识对生活的启示。	训练学生知识迁移的能力。
课后活动	布置作业：如果我有一袋加酶洗衣粉，大家能否为它设计一则广告？广告时间以半分钟为宜。	学生课后完成作业并交流。	通过布置广告设计的作业增加学习的趣味性，进一步加深学生对知识的理解，使学生其他方面的才能得到展现。

二、课后反思

本节实验课应用体验式学习模式，使学生很好地掌握了知识，教学效果较好。本节课的亮点包括以下两个方面：第一，充分调动了学生的积极性，通过小组合作学习的方式实现了从被动模仿向体验学习的初步转变；第二，将知识与现实生活中的加酶洗衣粉联系起来，既容易被学生所理解，又为学生将来学习“加酶洗衣粉的洗涤效果”打下了很好的基础。本节课也有一些不足之处。在没有使用水浴锅的情况下，学生对温度的控制有一定的难度，以至于实验时间较长，而且实验结果不明显。

在今后的实验教学中，我在进行预实验时会充分考虑可能影响实验的因素，避免人为原因造成的实验误差。另外，在实验中学生存在的最大问题在于对变量的控制上，很多学生操作时违背了单一变量原则，因此，我以后应该充分重视对学生实验基本素质和技能的培养，以期达到最佳的实验效果。

（秦晓静）

高中音乐学科体验式学习探究

高中音乐鉴赏课的主体参与课堂教学模式就是要认识到教师和学生都是课堂教学的主体，两大主体交互在一起共同参与课堂中的教与学。这种教学模式解决了传统音乐课堂中的以教为主的“满堂灌”“满堂听”“满堂唱”等问题，充分激发了学生对音乐的学习兴趣，使学生变被动学为主动学、乐意学。

高中音乐课的教学过程是音乐的艺术实践过程。因此，在所有的音乐教学活动中，教师都应激发学生的参与积极性和创造意识，重视艺术实践，并将其作为学生获得音乐审美体验和学习音乐知识与技能的基本途径。主体参与课堂教学模式正是突出了这一环节的重要性，突出了教师和学生的双主体地位。

一、教师的实践表演

教师的实践表演实际上就是教师基本功的多方面展示。音乐教师都知道，现在存在一种很奇怪的现象，就是学生喜欢音乐，却不喜欢音乐课。为什么呢？主要原因可能是教师上课过于墨守成规，学生对所学内容不感兴趣，课堂上几乎没有师生互动等。要想改变这种现状，使音乐课能够获得学生的肯定，教师就必须充分展示自己的才艺，让学生先喜欢教师，然后喜欢音乐课。

随着现代教育技术的发展，运用多媒体进行教学在音乐课堂中是十分普遍的，很多教师逐渐放弃了亲身示范演唱、演奏，取而代之的是从网上下载的视频。这种做法是不可取的。任何高质量的视频都无法使学生产生身临其境的感觉，但教师良好的示范能对学生产生巨大的吸引力。

1. 唱歌是音乐教师最基本的技能

一位教师在介绍艺术歌曲时，亲身示范为学生演唱了一首中国的艺术歌曲代表作品《桥》。演唱之前，学生一听说老师要范唱，便立刻坐直、坐正，竖起耳朵认真听，不像欣赏视频那样看几眼就毫无兴趣了。教师范唱完毕，台下响起阵阵掌声与喝彩声。通过范唱，学生更深刻、直接、形象地体会了艺术歌曲，课堂气氛一下子被调动起来。

2. 弹钢琴是音乐教师必备的技能

凡是专职的音乐教师，没有不会弹钢琴的。一位教师在“音乐的美——优美与壮美”一课中给学生演奏了一首流行钢琴曲《天空之城》，学生十分喜欢，不仅切身体会了音乐的优美，而且对教师充满了崇敬与喜爱，进而喜欢上了音乐课。

3. 音乐教师还必须懂得一到两件其他乐器和基本的舞蹈动作

音乐教师除了应会弹钢琴之外，如果还能熟练演奏一两件乐器的话，对提高音乐课的吸引力必定会有一定程度的影响。一位教师在上“培养音乐的耳朵”一课介绍长笛时，拿出实物让学生触摸感受长笛的质地、观察长笛的外观，并由教师范奏长笛乐曲，一下子就激起了学生的兴趣和好奇心，使他们在潜移默化中轻松地掌握了需要掌握的知识。

在音乐课堂中加入舞蹈也是提高音乐课吸引力的一种重要手段。一位教师讲“青春舞曲”一课时，教给学生几个简单的新疆舞动作，然后让学生自由编排舞蹈，使课堂形式多样，学生参与积极性提高，课堂气氛活跃。

二、学生的实践表演

教师实践表演的同时也需要学生进行实践表演。新课程改革要求音乐教学目标应该由以知识传授为中心向以学生发展为中心转变，让学生在实践中体验音乐，理解音乐特定的社会价值，从而提高学生的审美能力。

1. 教与学是基本的实践表演

经典的旋律演唱、特殊的节奏性等都必须经由学生亲身参与并体验之后才能加深对所学知识的理解。一位教师在上“青春舞曲”一课时，单独把新疆歌曲中的典型节奏拎出来让学生学习拍打节奏并演唱，这样的实践体验，能使学生很容易找到节奏感，体会新疆民歌的节奏特点。

2. 情感体验的参与也是实践表演中重要的一环

音乐课堂应该以审美为核心，审美就是获得美的情感体验，其主要途径是欣赏、演唱、想象等。一位教师在组织学生自主体验艺术歌曲《送别》时，不仅要求学生参与演唱，还要求他们在演唱的同时根据教师的引导、情境的设置和自己的想象来判断歌曲应该用什么速度、情绪演唱，以此让学生在实践体验中获得最佳的歌曲演唱效果。

3. 创作研究是实践表演的补充形式

创作研究的实践表演是能充分发挥学生想象力和潜能的音乐学习领

域，是学生积累音乐创作经验和提高创造性思维能力的过程和手段。创作研究包括两类内容：一是开展即兴创作活动，如即兴编唱生活短句或诗歌短句等。例如，在“音乐与诗歌”这一课中，教师出示《送元二使安西》的诗句，让学生根据诗歌所描写的内容自由编创歌曲。二是根据音乐材料创作音乐，如节奏模仿、节奏接龙等。例如，教师在“青春舞曲”一课中要使学生掌握“鱼咬尾”的创作手法，让学生根据“鱼咬尾”的特点自由编写旋律短句。这样的创作研究实践表演充分体现了学生的主体性，发挥了学生的创造力，由学生自己创作音乐使音乐课不再流于形式，不再呆板，使学生真正投入音乐课当中，喜欢上音乐课。

综上所述，音乐鉴赏课的主体参与课堂教学模式能充分激发学生学习音乐的兴趣，扭转学生喜欢音乐但不喜欢上音乐课的尴尬局面。同时，我们音乐教育工作者在平时的教学中要继续努力地研究、实践，灵活地开展课堂教学，不断丰富和发展音乐课。

（唐宇玲）

第二节　初中部分学科的实践案例

初中语文学科体验式学习探究

随着新课程改革的不断深入，传统语文教学已不能适应现代社会发展的要求。现代社会要求每一位公民都应具备良好的人文素养和学科素养，应具有终身学习的能力、利用信息去解决问题的能力、与人合作交流的能力，以及创新精神。在主体参与课堂教学模式成功推行的基础上，我校承担的国家级课题"'主体参与'理念下体验式学习的实践研究"把我校的教学领入一个全新的天地。全校师生大胆实践，积极创新，不断总结，已经积累了一定的研究成果。在初中语文教学中，我们也做了一些探索，以下是初中语文主体参与下体验式学习实际操作的几种常见形式。

一、在比较中体验

比较能让人获得最直观、最深刻的体验。例如，孔乙己是鲁迅先生精心刻画的封建时代的一个悲剧性的读书人，是什么原因导致了他悲剧的一生呢？我们先让学生在课前了解清代作家吴敬梓和蒲松龄，这两个人与孔乙己有许多相似之处——身份相似，经历相似，但是，他们分别留下了《儒林外史》和《聊斋志异》这样的不朽之作，孔乙己却只落得个不知所终的悲惨下场，这自然与他个人的人格缺陷不无关系。之后，我们又把网络上"红极一时"的"犀利哥"跟孔乙己做了对比，二人的遭遇相似，但在社会的关心下，"犀利哥"最终与家人团聚。两者比较，孔乙己悲剧的社会原因不辩自明。在课文学习结束时，我们还让学生比较了孔乙己与小说中的"短衣帮"，进而思考"知识改变命运，理想铸就未来"这一句话的真实性。孔乙己与"短衣帮"比起来，知识要多得多，他改变自己的命运了吗？没有。由此可见，仅拥有知识并不能改变命运。想改变命运不仅要有知识，更要会运用知识。比较，让学生获得的不是单一的语文知识，而是人文素养的综合提升。

二、在想象中体验

想象力，在一个人的综合素养中所占的重要地位毋庸赘言。如何培养、提升学生的想象力，使学生体会文章作者的思想感情，是语文教师必须研究的重要课题。一个人的想象力与他的人生经历有着密不可分的联系。例如，郭沫若的现代诗中充满着无与伦比的想象，所以教学《天上的街市》一课时，我们不只是让学生一味地朗读，教师一味地讲解，而是先给学生呈现一段宇宙星空的炫美视频，让学生发挥自己的想象力写一段话，当堂进行交流。祖母刚去世的学生把星空想象成慈祥的祖母，她正在天堂默默地注视着自己；学习压力巨大的学生把星空想象成自由开放的学校，那里没有没完没了的作业；外来务工人员的子女把灿烂的星空想象成无数的宝石，那里人人富足，没有贫穷……在学生充分交流的基础上，我们再宣布本课的学习任务，出示学习目标，让学生将自己的想象与郭沫若在《天上的街市》中的想象进行比较。学生自然会想到，为什么郭沫若想象到的是“街市”“牛郎织女”，再结合写作背景，学生自然就明白了郭沫若想要表达的是一种“追求幸福自由生活”的理想。察己可以知人，以自身的体验推知他人的心思，简洁明了，令人印象深刻。

三、在表演中体验

大多数学生都有表现欲和表演欲。把表演引入课堂，一方面能满足他们的游戏冲动和角色幻想，另一方面又能加深他们对课文的体验。《记承天寺夜游》是一篇只有八十多字的精彩游记，融叙事、写景、抒情于一体，含蓄而深沉。但由于人生阅历不足，初中生难以领悟苏轼那种看似悠闲，实则沉重的心情。首段中的“相与步于中庭”中的“步”字看似不经意，其实是作者精心推敲之下的妙笔。一个“步”字，将走的轻重、快慢、神态与文中最后一句“但少闲人如吾两人者耳”的无奈感叹中的“闲”字咬合得恰到好处。我们让学生到讲台前秀一秀那种“走”法，再让其他学生加以点评，有助于学生理解作者那个“闲”字掩盖下的“欲说还休，欲说还休，却道天凉好个秋”的悲意。

四、在辩论中体验

理，越辩越明。精心安排学生开展一些小辩论，不仅能培养学生的表达、思辨等能力，更有助于学生深入文本体验作者的创作意图。《黔之驴》是柳宗元写的一则寓言故事，人们对这则寓言寓意的理解往往颇有分歧。受“黔驴技穷”等成语先入为主的影响，在概括老虎、驴子的形象时，学生的情感倾向明显，即对驴子持批评态度，认为作者讽刺的对象就是驴子。对于这种观点，我们在教学过程中并不是简单粗暴地判定学生的理解有错误，而是在概括了老虎、驴子的形象特点之后，追问学生：是要做老虎，还是要当驴子？在绝大多数学生选择做老虎之后，教师仍不做肯定或否定的判断，而是继续开展以下的活动：不招谁惹谁的驴子平白无故地被老虎吃掉了，到了法制社会的今天，驴子的亲属要起诉老虎，告它犯了故意伤害罪。学生可以自主选择做老虎或驴子的亲友团，分别帮助二者辩护。初具一点法律常识的初中生，这时大多又选择站在驴子的立场进行辩护。在学生积极地进行辩论之后，教师再提醒学生注意自己之前的矛盾选择——自己选择做有勇有谋的老虎，却又要站在愚蠢无能的驴子的立场上帮着辩护，这是什么原因呢？这时，学生就会发现，老虎、驴子都没有错：老虎是食肉动物，本性就是吃肉的；驴子本来就是充当脚力的，要服务于人，也受人保护，可那些好事者硬是“船载以入”，“至则无可用”，从而酿成了这出悲剧。再结合写作背景，学生就会清楚地发现原来柳宗元批判的矛头对准的不是驴子，也不是老虎，而是那些糊涂的好事者，是他们让物不能尽其用。联想到人，就是人不能尽其才了。学生在体验的过程中，彻底否定了自己之前的错误认识，从而得到了“封建官场埋没人才”的全新而深刻的认识。

五、在朗读中体验

声情并茂的朗读，不仅能使朗读者沉浸在喜怒哀乐的情境中，而且能唤起他人爱憎的情感。诗歌、散文适合美读，而一些人物个性鲜明、内在情感复杂的小说适合分角色朗读。例如，《孔乙己》一文中有不少众多人物参与活动的场面描写，这些内容十分适合分角色朗读。孔乙己最后一次出场前，老板结账时与酒客的一段对话，如下所示。

有一天，大约是中秋前的两三天，掌柜正在慢慢的结账，取下粉板，忽然说，“孔乙己长久没有来了。还欠十九个钱呢!”我才也觉得他的确长久没有来了。一个喝酒的人说道，“他怎么会来? ……他打折了腿了。”掌柜说，“哦!”“他总仍旧是偷。这一回，是自己发昏，竟偷到丁举人家里去了。他家的东西，偷得的么?”“后来怎么样?”“怎么样? 先写服辩，后来是打，打了大半夜，再打折了腿。”“后来呢?”“后来打折了腿了。”“打折了怎样呢?”“怎样? ……谁晓得? 许是死了。”掌柜也不再问，仍然慢慢的算他的账。

“孔乙己长久没有来了。还欠十九个钱呢!”不经意的一句话，流露出老板对那欠着的“十九个钱”的牵挂、惋惜。

“他怎么会来? ……他打折了腿了。”表现出酒客对孔乙己的鄙视，对自己所得知的信息的卖弄、得意。

“哦!”透出掌柜对得知孔乙己被“打折了腿”这一消息的冷漠和对他那不得进账的“十九个钱”的无奈。若换成一个“啊”字，效果就有天壤之别了。

“他总仍旧是偷。这一回，是自己发昏，竟偷到丁举人家里去了。他家的东西，偷得的么?”再次表现出酒客急于卖弄的心理，他说话的语气、语速、神情可想而知。

总之，对这一段文字，我们让学生通过分角色朗读进行揣摩、体验，无疑要比教师枯燥地讲解的效果好得多。学生若想通过朗读时语气的轻重、语速的缓急、停顿的长短来表现人物丰富多样的思想情感，必然要让自己深入到课文中细细揣摩。其他学生要对朗读者做出评价，也必须做出同样的努力。这就充分调动了学生的主动性、主体性。

当然，体验式学习的手段多种多样，除了以上几种外，还有在聆听中体验、在讲话中体验、在写作中体验等。一句话，只要我们坚定不移地贯彻“学生是学习的主体”的理念，认识到体验是获取直接经验的重要途径，精心设计学生主体参与的每一个细节，千方百计引导学生自己去“尝”每一个“梨子”，就一定会让学生有所收获。

（杨余群）

初中数学学科体验式学习探究

教育心理学研究发现，如果学生将自己视为课堂的主体，那么他们的学习效果将显著提高。主体参与下的体验式学习课堂能够为学生创建一个良好的主体性教与学的交流平台，能够激发学生的主动性，让学生主动参与到教学活动中，有效提高教学的质量。

一、主体参与下体验式学习课堂教学模式的含义与特征

主体参与下体验式学习课堂教学模式是一种为了培养学生的课堂主体意识与实践能力，提高学生的学习效率与学习质量，以主体性教学思想为指导，注重学生在课堂上的参与性，将教与学有机结合起来的课堂教学模式。

主体参与下体验式学习课堂教学模式具有以下几项基本特征。

第一，系统的教学设计观念。主体参与下体验式学习课堂教学模式要求教师在设计教学活动时，还要为学生设计自主学习活动，使学生更好地参与到课堂教学活动中来，使教师的教学活动与学生的学习活动相互配合，最终提高学生的创造性思维，促进学生身心的健康发展。

第二，综合的教学目的。主体参与下体验式学习课堂教学模式明确提出，教师在实践教学目标的同时，要能够清楚地讲授每个知识点，注重对学生进行同类型题目的变式训练和创新能力的培养，以拓宽学生的知识视野。

第三，民主、开放的课堂。主体参与下体验式学习课堂中，教师应使人人参与，自主发言，注重培养学生独立思考、小组讨论、自主创新的能力。

二、主体参与下体验式学习课堂教学模式在初中数学中的应用

1. 理论心得

首先，初中数学教学在应用主体参与下体验式学习课堂教学模式时，教师要通过对教学情境的创设，激发学生的主体意识，调动学生的学习积极性，让学生主动参与到课堂教学活动中来。教学目标是学生与教师共同制订的，它能够转化为学生的学习动力，促进学生的进步。教师在课堂教学活动前，应明确告诉学生本节课的教学目标是什么，再通过设置问题的形式，激发学生的兴趣，使学生带着问题到课本中寻找答案。在这一过程中，学生将加深对课本知识的理解，从而有效地提高教学效率。

其次，教师在数学教学活动中要积极引导，注重探索。教材是教学活

动的载体，但它只讲该怎么做，不涉及为什么这么做。而数学是一门逻辑性较强的学科，需要先提出问题，再分析、解决问题，最后才能得出结论。因此，教师要在数学教学过程中，指导学生探究“为什么”，让学生真正理解知识。例如，在讲解“消元——二元一次方程组的解法”时，教师可以先让学生猜想如何计算，让学生试着说出二元一次方程组与一元一次方程、二元一次方程之间解的关系，然后引出代入消元法和加减消元法，并通过变式练习给出特殊情形时的特殊解法，最后，教师多列举几个例子，让学生进行巩固练习，以加深印象。

再次，教师要对学生进行分层训练并做好教学信息反馈工作。不同学生的探究能力是不同的，教师要将学生划分为不同层次，并进行分层训练，让不同层次的学生都得到发展。具体来说，就是给探究能力强的学生提出一些有难度的题目，对探究能力一般的学生多给予启发，对探究能力弱的学生予以帮助，多教方法。例如，在讲解“二次函数”的时候，教师可以给探究能力强的学生安排一些难题，引导探究能力一般的学生做相关习题，通过描点画图的形式帮助探究能力弱的学生理解公式，再做练习题加以巩固。教师还可以采取小组合作学习的方式，让学生相互交流学习经验，充分发挥学生的主体性。

最后，教师要鼓励学生多提问题，激励学生发扬创新精神。在初中数学教学过程中，提出问题比解决问题更重要。提出问题是学习的开始，学生只有不断提出问题，才能够积极探索。例如，在讲解“二元一次方程组”时，针对方程的两种解法——加减消元法、代入消元法，有的学生会提出疑问：哪种方法更方便？教师可以通过举例的方式让学生自己摸索，找出两种解题方式各自的优缺点。这样有利于创建宽松的教学环境，使学生在这样的环境里进行自主探索，从而增长知识，调整能力结构，提高学习主动性及创新能力。

2. 具体应用策略

以上谈的是对主体参与下体验式学习课堂教学模式的理论心得，那么在实际授课中该如何具体操作呢？以下为新授与复习两种课型的具体应用策略。

(1) 新授课型

如讲“正切”这部分内容时，教师首先给出预习的任务：①理解并掌握正切的含义，能在直角三角形中求出某个锐角的正切值；②了解锐角的正切值随锐角度数的增大而增大。然后让学生观察：下图是某体育馆为了方便不同需求的观众修建的两种台阶，请思考：①图中的两种台阶哪个更陡？你是怎么判断的？②如何描述台阶的倾斜程度呢？你有哪些方法？接着，建构知识框架，剖析典型概念，给出正切的定义，并变化角度的大小推导出正切值的变化性质，最后给出具体的数值让学生求角的正切值，巩固所学内容。另外，通过直角三角形的特例——母子直角三角形深入训练所学内容，让学生感受到正切的应用范围广、作用大，激发学生学习的成就感。

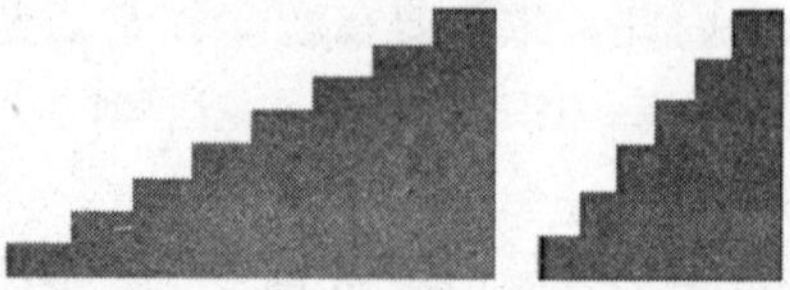

（2）复习课型

如讲“与圆有关的计算”时，教师首先给出学习目标：①会计算圆的弧长和扇形的面积；②会计算圆柱和圆锥的侧面积和全面积。再给出中考关于本节内容的考查角度：运用弧长公式、扇形面积公式进行相关的计算。借助分割与转化的方法求阴影部分的面积是中考考查的热点，利用圆的面积公式、周长公式、弧长公式和扇形的面积公式求圆锥的侧面积和全面积是中考考查的重点，这些知识点常以选择题、填空题的形式出现。然后通过让学生自主解答几道典型题建构本节的知识结构，最后在小组交流、师生研讨环节，提供变式练习题促进学生对该部分知识的深入掌握。

综上所述，主体参与下体验式学习课堂教学模式具有灵活性，能够有效地提高初中数学课堂的教学质量与教学效率，优化学生的学习方法与学习策略，使学生养成良好的学习态度与学习习惯，提高学生的创新思维能力与实践能力。因此，初中数学教师要在课堂教学活动中灵活运用这种教学模式，以此来实现素质教育的目标。

（陈兰）

初中英语学科体验式学习探究

美国教育心理学家布鲁纳认为：“知识的获得是一个主动的过程，学习者不应是信息的被动接受者，而应该是知识获取的主动参与者。”新课程改革强调，课程改革要改变课程过于注重知识传授的倾向，使学生形成积极主动的学习态度，学会学习；强调基础教育要关注学生的学习兴趣和经验，培养学生终身学习的意愿，使学生掌握终身学习必备的基础知识和基本技能，满足每个学生终身发展的需要。由此可以发现，学习不仅是主体主动获取知识的过程，也是一个发现问题、分析问题和解决问题的过程；不仅是暴露学生的疑问、困难和矛盾的过程，也是展示学生聪明才智、独特个性、创新成果的过程。这就要求将过去以学科为本位、知识为本位的课堂教学模式转变为以学生发展为本位的课堂教学模式。

建构主义理论认为，知识是由学习者主动建构的，而不是被动地由外部注入的。这种积极的建构发生在与他人交往的过程中，是社会互动的结果。学生不同的学习态度会导致不同的学习结果，有效的英语课堂教学是建立在学习的主体——学生积极参与课堂教学活动、主动理解教学内容的基础上的，学生能否积极参与课堂教学活动是影响课堂效率的关键。主体参与课堂教学模式强调在教学过程中必须充分注意学生的主体特征，遵循学生的身心发展规律和认识特点，创设民主、自由、和谐的学习氛围，真正使学生主动参与学习过程，引导学生在研究、讨论的情境下进行合作学习，激发学生的学习兴趣和主动探索能力，促进学生创新意识的形成，使他们成为终身学习者。主体参与课堂教学模式的立足点是将“教”转变为“学”，其核心是创新教育，其灵魂是体验。在主体参与的课堂上，创新教育贯穿课堂教学的各个环节，教师要设计带有启发性、探索性、开放性的问题，激发学生的主动性和积极性，引导学生主动探索、大胆猜想、提炼观点，培养学生的创新意识和敢想、敢说、敢做、敢冒险、敢标新立异的人格意识。

体验是指学习者亲自参与或置身某种情境或场合，通过感觉、感受来认识事物。体验可以使学习者获得某种知识、技能、情感，或加深对原有知识、技能、情感的认识。

体验式学习理论在 20 世纪 80 年代由大卫·库伯完整提出，他认为，体验式学习既是课堂活动的过程，也是课堂活动的结果。作为课堂活动的过程，学生亲历各种课堂活动并及时运用所学的知识分析问题，解决问题，进行评价和反思；作为课堂活动的结果，学生通过参与各种课堂活动，在分析问题、解决问题、评价和反思的过程中获得新的认识和情感。

经过实践，我发现这种强调“做中学”的主体参与下体验式学习在英语课堂中呈现出以下几个特点：亲历性、主动性、活动性、合作性、生成性、德育性。它能够通过各种活动将学生的潜能真正发挥出来，是提高学习效率的有效方式。在初中英语教学中，我主要从以下几个方面进行了实践研究。

一、在单词教学中运用主体参与下体验式学习

“不积跬步，无以至千里；不积小流，无以成江海。”单词的积累是学生英语能力提高的基础，但对大部分学生来说，这也是最难攻克的堡垒。小学阶段，学生接触英语的时间比较短，学习中涉及的单词和短语比较少，但进入初中后，每个单元几乎都有五六十个单词和短语，有的甚至多达一百个。对刚刚进入初中的学生来说，识记这么多单词实属不易。这时，教师如果按照传统方式来教学，就会使许多学生因畏难而放弃这门学科。我常常遇到一些学生，单词和词组都能默写，然而在读课文或句子时居然开不了口，问其原因，学生表示默写全靠死记，这一情况在成绩中等偏下的学生中尤为普遍。还有些学生说自己之前对英语感兴趣，只是吃不了记单词的苦所以干脆放弃了。心理学家威台海姆说过：“严格的说教和机械的训练会致使学生的思想麻木，唯有引导学生自由探索、灵活思考才可以使学生的创造性思维得到发展。”所以，我首先在单词教学中进行了体验式学习的尝试，希望能引导学生掌握和运用正确的学习方法，激发学生学习和识记单词的积极性，为学生以后的学习打下良好的基础。具体做法如下。

国际音标是单词学习的基础，在学生刚入学时，我在教授课本上字母和单词的同时，还教学生学习了最基础的48个音标，力求使每个学生掌握48个音标的听说读写，并逐步掌握拼读的规则。我通过对拼读规则的教学，有目的地引导学生理解音标、字母和单词的关系，帮助学生突破识记单词的难关，使他们了解到英语单词的读音和拼写之间存在着密切的联系，音读准了，发音规律掌握了，这个单词也就记住了大半。在学生掌握了单个音标之后，我还有意识地将一些字母组合的发音规则教给学生，然后将含有这些组合的单词的音标呈现在课件上，让学生以小组竞赛的形式看音标读单词，在限定的时间内评选出正确认读单词最多的小组，并适时给予表扬和鼓励，这样课堂上学生的注意力就会一直被这些单词所吸引。通过这种方法，学生不仅识记了音标，熟记了单词，还学会了拼读单词的方法，掌握了记忆单词的诀窍。半学期下来，学生基本可以通过自主学习自行解决单词问题了。总之，在单词教学中，体验式学习培养了学生的自主学习能力，也为学生养成良好的学习习惯打下了基础，课堂教学也达到了事半功倍的效果。

二、在阅读教学中运用主体参与下体验式学习

培养学生的阅读能力是英语教学的目标之一，是培养学生英语理解能力和运用技能的基本方法，也是落实交际实践的主要途径。在近几年的中考中，阅读题的比重不断加大，题型不断翻新。可见，阅读能力的培养在英语教学中占有非常重要的地位。

阅读课以培养学生的阅读能力为主要教学目标，为达到这一目标，学生应学习和掌握课文内容所涉及的文化背景，进而在阅读速度、阅读技巧和阅读理解的准确度和深度上得到提高。“授之以鱼，不如授之以渔”，现代教育特别重视培养学生的自我发展能力，这就要求教师不仅要教学生“学会”，还要教学生“会学”，并用各种方法教学生“怎样学”，使他们具备学习英语、运用英语的能力。在阅读教学过程中，教师应根据不同的阅读目的和阅读要求，采取不同的阅读方式和阅读策略，遵循由浅入深、由表及里、由具体到概括的要求来培养学生的阅读能力；运用主体参与下的体验式学习来引导学生多看、多读、多练，让学生真正掌握阅读技巧，帮助学生提高英语阅读的能力。

下面，以牛津译林版英语九年级上册 Unit 8 *Detective stories* 阅读课教学为例。这节课我先设计了以下课前自主学习内容让学生进行主体参与下的体验式学习，让学生在寻找答案的过程中对文章进行概读和整体认知，了解课文大意。

一、Read and learn these new words and phrases

三会：confirm，victim，crime，contact，bleed，well-paid，charge，system，witness，breathe，reward，arrest

四会：somewhere，wound，enemy，single，break into，suppose，only，report，heavily

二、Translation

1. 已经证实________________________
2. 在案发现场工作____________________
3. 在其他地方被杀____________________
4. 被用刀刺伤______________________
5. 结果流血致死_____________________

6. 有一些敌人________________________

7. 气喘吁吁________________________

8. 悬赏五万元________________________

三、Multiple choice

1. He was last seen ________ his office at about 7 p. m. yesterday.

A. leave　　B. to leave　　C. leaving　　D. left

2. The man was guilty ________ his wife.

A. of murder　　B. in murder

C. in murdering　　D. of murdering

3. He was charged with ________several computer systems by the police.

A. break into　　B. breaking into

C. to break into　　D. broke into

四、Think about the following question

If we face danger one day, what should we do?

这四道题看似简单，但都是经过精心设计的。第一项识记单词，学生必须运用在初一学到的音标知识进行自主学习，学生未必能将每一个单词都拼读准确，发现问题时他们会记录下来在小组内求教或在全班提问解决。第二项拼读词组，学生必须在阅读文章并理解大意后，才能找出这些词组。第三项选择题的数量虽然不多，但学生必须在文章中找到类似的词组并思考归纳后才能选出正确答案。最后一项思考题，是让学生根据自己已有的知识来解决问题，答案不是唯一的，但它不是无的放矢，而是为学生在课上理解文章后的德育情感提升做准备的。

英语阅读，无论是教学还是考试，一般都是为了培养或考查学生的快速阅读能力和准确理解能力。在本课的阅读教学这一板块，我设计了以下四个环节。

环节 1：听读案情，捕捉关键词语。在这一环节，我设计了三个问题：(1) Who was murdered? (2) What was the victim wounded with? (3) Was the victim guilty before? 这三个问题的设计目的是让学生通过听的方式初步接触案情，捕捉关键信息，掌握关键词语，从而为之后快速、准确地理解文章做准备。

环节 2：扫读文字，厘清课文结构。这个环节我设计了将段落和段落大意连线的任务，如下所示。

Part 1（Para 1）　　Reward from the victim's parents

Part 2（Paras 2～5）　　Introduction to the victim

Part 3（Para 6）　　Things the police have done

Part 4（Para 7）　　Situation of the suspect

设计此任务的目的是让学生运用扫读的方法迅速浏览文章，了解全文的概貌，完成对文章结构的把握，既训练了学生快速辨析文章结构的能力，又把阅读方法教给了学生，还为顺利完成下面的任务打好了基础。

环节3：巧设题型，促成精细阅读。为了让学生进行体验式学习，这一环节我设计了填空、选择、填表等多种题型，从而教给学生精细阅读的方法，训练学生长句分析和综合推断的能力。这类题要求学生先看题目，确定阅读目的，带着问题快速扫读全文，找到文章中相应的信息。有些题目还要求学生联系上下文，分析作者的观点、写作意图，认真比较题目中的表述和文章中的表述的差异，有时仅一词之差就会相去甚远。在这一环节，我设计了以下四个活动，鼓励学生自主质疑、小组讨论、大班交流，师生在积极的状态下解决问题，使学生由配角转为主角，确立了他们在课堂上的主体地位。

Activity 1: Read Part 1 (Para 1) and fill in the blanks.

Early today, a young man's body was found in ________ Town. He was a computer ________. He worked in ________ Town. He was last seen leaving his ________ at about 7 p. m. yesterday. He said he was going to visit his ________.

Activity 2: Read Part 2 (Paras 2～5) and answer the following questions.

1. The murder took place ________.

A. between 7 p. m. last night and 1 a. m. this morning

B. between 9 p. m. last night and 1 a. m. this morning

C. between 9 p. m. last night and 2 a. m. this morning

2. The police are asking ________ to contact with them?

A. the suspect　　B. the victim

C. anyone who saw anything unusual

3. The police are now checking the scene for ________.

A. more clues　　B. a knife　　C. a gun

4. Was the victim single?

A. yes　　　　B. No　　　　C. We don't know

5. The victim was charged with ________ last year.

A. breaking into several computer systems

B. murdering

C. robbing

Activity 3: Read Part 3 (Para 6) and complete the information about the suspect.

appearance		
be seen	place	
	time	
Reasons for being suspected		

Activity 4: Read Part 4 (Para 7) and find out the reward from the victim's parents.

1. Reward from the victim's parents: ______________________

2. The reason for offering a reward: ______________________

环节4：判断正误，再现案件细节。经过上面三个环节的训练，学生已经对这起谋杀案有了全面而细致的了解。设计判断正误的环节旨在再现案件细节，加深学生的印象，也是为了对学生的文章掌握情况进行及时的检测。

在本课的最后，我还设置了一个采访活动，意在激发学生自主参与的意识，挖掘学生对课文的个性化理解。课堂上，学生生动形象的表演既提高了他们的口语表达能力，又展示了他们对课文的独特理解。课堂学习结束前的总结提升阶段，我通过几个案例让学生懂得了犯罪带来的危害，同时让学生自己归纳在面临危险时可以用哪些方法保护好自己，这比机械说教的效果好得多。

三、在写作教学中运用主体参与下体验式学习

英语的写包括两个方面：一个是机械的写，如抄写、默写和听写；另

一个是创造性的写，即写作。写作可以使单词不断地在学生的大脑中重复再现，对识记单词有极大的好处。在指导学生写作时，教师应采用循序渐进的训练方法，从基本词汇的积累和运用着手，强化基本句型和常用句型的训练，力求表达地道、通顺、流畅、平实、得体，再逐渐过渡到写材料作文、看图作文。另外，在写作教学中，教师要指导学生学会运用过渡词语和逻辑关联用语使短文保持连贯流畅，还应鼓励学生多次朗读和修改自己的习作，从而巩固所学的单词，做到活学活用、举一反三。

学习英语的最终目的不是考试而是交际。课堂上教师要鼓励学生大胆地表达，大胆地运用学过的语法、惯用法和各种句型句式，让他们在交流的过程中纠正语言中的不当之处，这样才会变被动学习为主动学习，并以积极的情绪体验、自信的态度和旺盛的求知欲投入到学习中来。下面，我以八年级下册 Unit 1 *Past and present task* 为例，谈谈主体参与下的体验式学习在写作教学中的运用。

在这一课中，Part A 仅给出两张图片，让学生描述月光镇的新旧变化。如果直接将这两张图片展示给学生，估计大部分学生都只能用简单的句型进行描述。但如果先从复习 Reading 部分入手，在课件上展示一些重点的句型和词组，再让学生根据图片来描述，学生就会觉得轻松得多。如果再让学生在小组内先交流，之后以小组的形式对图片的内容进行汇报，学生描述的准确度就会更高。而且，在小组内交流时，由于受到组长的督促，那些原本爱偷懒的学生也会被动地学到一些知识，如果组长能将向全班汇报的任务交给这些学生，他们又会变被动学习为主动学习，教学效果就会更好。

有了前面的铺垫，在处理 Part B 时教师就可以将表格直接展示出来，让学生用刚才的句型将词组串成句子。在此基础上，再让学生去学习 Part C 就会十分简单。当然，前面所有的活动都是为最后的写作做铺垫的，到了真正的写作阶段，教师可以要求学生以小组的形式设计出一个和 Part B 相似的表格，然后根据表格写出作文，每个小组只写一篇，但小组内学生在完成后必须认真修改写作中的语法错误，添加关联词和修饰语。因为写作时间有限，所以必须使每个组内成员都积极地参与活动，相互配合，这样才能在最短的时间内写出最优秀的作文。

苏霍姆林斯基曾经说过："教学和教育的艺术和技艺就在于发挥每个儿童的力量和可能性，使他感到在脑力劳动中取得成绩的喜悦。"在班级中，有的学生语言表达能力强，有的学生形象思维能力强，有的学生动手操作能力强，所以起主导作用的教师，应尊重学生的差异，关心、信任每一位学生，相信所有学生都能学习并学好。

总之，采用主体参与下的体验式学习进行英语教学，既能充分发挥学生的主观能动性，又有利于增强学生学习的信心，克服自卑心理，更能体现自主学习的乐趣，使学优生得以提高，中等生得以进步，学困生得以转化。

（秦春香）

第三节　学校特色活动的实践案例

“成长·责任·爱国·圆梦”

——十八岁成人宣誓仪式

姚小林

一、教育背景

华夏民族的成人礼也称“冠笄之礼”。它正式作为一种仪式，出现在春秋时期。成人礼从氏族社会盛行的成丁礼演变而来，一直延续至明代，至清兵入关后，清朝统治者一纸令下，终结了绵延几千年的成人礼，以致后来人只能在“不知不觉”中进入成年。我们认为现在亟待恢复成人礼，使学生充分认识到自己对国家、社会、家庭乃至自己的使命和责任。

根据江苏省文明委《关于在全省开展未成年人文明礼仪养成教育的意见》和泰州市教育局《关于实施素质教育“5＋2”工程的意见》的精神，我校开展了十八岁成人宣誓仪式，以使学生培育和践行社会主义核心价值观，懂得爱国、敬业、诚信、友善，体现立德树人的本质要求，促进未成年人学礼仪、知礼仪、行礼仪。

二、教育理念

我校通过开展十八岁成人宣誓仪式，落实党的十八大精神，引导每位学生认识自身肩负的责任，自觉树立社会主义核心价值观，增强爱国情感、公民意识，以及对国家、社会的奉献意识，形成独立自主、自强不息的品格。

三、教育目标

1. 传承中华传统文化，寓教于乐。

2. 传达个体进入负有使命的成人社会时须具备的道德感和责任心。

3. 激发个体承担起家庭和社会的责任的意识，促进心理觉醒，形成积极的人生态度。

4. 使社会和父母意识到孩子作为独立个体的事实，促进平等对话、和谐相处。

四、活动实录

1. 主持人致开场词

女：尊敬的各位领导，亲爱的各位老师、同学们——

合：大家好！

男：十八岁，是人生蓓蕾初放的季节。十八岁，是充满美好梦想的年龄。十八岁，是步入成人社会的重要时期。

女：十八岁，也许你还不太懂事，也许你已尝到人生的艰辛，也许你过得很快乐，也许你过得很悲伤，然而不管是苦是甜，十八岁就像清晨沾着晶莹露珠的花瓣一样，在阳光初照的田野上散发着淡淡的清香，多少年后依然让人难以忘怀。

男：今天，我们相聚在这里，举行隆重而庄严的十八岁成人宣誓仪式，让老师和家长共同见证这个神圣的、具有特殊意义的时刻。

2. 主持人宣布仪式正式开始

合：现在请允许我们宣布，泰州实验中学十八岁成人宣誓仪式现在开始。

3. 升国旗，奏国歌

男：下面，请国旗手入场。升国旗，奏国歌！

(升国旗，奏国歌，学生行注目礼。)

女：礼毕。下面，掌声有请我校校长何世祥致辞。

(校长讲话，内容见附。)

4. 学生代表献词，家长代表发言

女：十八岁，朝气蓬勃如旭日般的年龄。

男：十八岁，清新芬芳如甘露般的年华。

女：十八岁，生命航线上的又一个新起点。

男：十八岁，人生旅途中的又一个里程碑。

女：走过天真烂漫的花季，走进十八岁成人的天地，肩上添了责任，胸中多了豪气，这是人生旅程的又一次开始。

男：走向未来灿烂的日子，挥写十八岁年轻的履历，血脉奔流活力，心头铭刻壮志，这是人生旅程永恒的记忆。

女：下面我们就来听听十八岁成人的心声，掌声有请学生代表高二

(8) 班×××同学上台发表成人感言。

(学生代表发言，内容见附。)

男：从×××同学的成人感言中，我们看到了信心，我们感到了力量。我们相信，任何困难都阻挡不了同学们前进的步伐。

女：回想过去，当我们还是孩子的时候，我们有着比钻石更璀璨的童年。

男：稍大一些了，我们变得任性、沉默，也增添了成长的烦恼，而这时，是爸爸妈妈在我们身边为我们出谋划策、指点迷津。

女：是的，当我们苦恼、彷徨时，不要忘记，我们的身后还有关心我们、支持我们的父母。那殷切期盼的眼神，那奔波劳累的身影，使我们暗下决心：努力！努力！再努力！

男：接下来，掌声有请家长代表发言。

(家长代表发言，内容见附。)

男：质朴的话语，无限的期望，言语间流露出对我们的关心和呵护，真让人不禁感慨。

5. 手语表演《感恩的心》

女：十八岁，应该是一个懂得感恩的年龄，感谢父母给了我们生命，感谢老师对我们的辛苦培育，感谢同学给予我们的鼓励和温暖……

男：下面，请欣赏手语表演《感恩的心》。

(学生手语表演《感恩的心》。)

女：十八年来，父母对我们的呵护，师长对我们的教诲，就是为了使我们成为一个成熟的人，一个独立的人，一个有能力追求自己理想的人，一个有能力担负起责任的人。

6. 由领誓人带领全体同学集体宣誓

男：十八岁的征帆已经扬起！

女：十八岁的篝火正在燃烧！

男：十八岁的凯歌将要唱响！

女：十八岁，是对懵懂幼稚的道别，是人生历练的基石。

男：十八岁，是与成熟稳健的相约，是人生旅途的驿站。

女：就在此时此刻，我们开始了新的人生。

男：下面有请高二（10）班×××同学带领我们宣誓。

×××：让我们把左手放在胸前，右手握拳举起，用坚定的声音，在国旗下庄严宣誓。

在此正式成人之际，我以中华人民共和国公民的名义，面对国旗庄严宣誓：

我立志成为有理想、有道德、有文化、有纪律的社会主义公民。

捍卫神圣宪法，维护法律尊严。

行使公民权利，强健体魄，完善人格。

履行公民义务，主动承担社会道义。

国家富强为先，广大人民利益至上。

知言养气，格物致理。

崇尚科学，追求真知。

勤勉自励，奋发有为。

热心公益，奉献社会。

不负父母期盼，不负师长厚望。

以我壮志激情，建设锦绣中华。

以我壮美青春，实现民族复兴。

7. 发放《宪法读本》

男：下面有请校领导为学生代表发放《宪法读本》。

8. 写下理想，签名留言

女：下面进行最后一项议程，请全体同学以班级为单位，依次在主席台北侧“青春孕育希望，责任成就梦想”的背景布上留下自己的承诺，签上自己的姓名。

(学生签名。)

9. 仪式结束

男：同学们，请记住这个特殊的日子。十八岁，从此我们就成了祖国最年轻的公民。请用行动实现那不悔的承诺，去书写那无悔的人生，去创造那属于我们的辉煌。

女：泰州实验中学十八岁成人宣誓仪式——

合：到此结束。谢谢大家!

五、教育效果与社会影响

2013年6月19日，我校在校操场上隆重举行了主题为“成长·责任·爱国·圆梦”的十八岁成人宣誓仪式。

成人仪式上，校长的真情讲话激励学生心怀感恩，对社会、对集体、对他人充满感激，并将这种感激之情转化为刻苦学习、勤奋工作、孝敬父母、奉献社会的实际行动；鼓励他们勇担责任，承担起时代赋予的历史使命，着眼当下，脚踏实地，超越自我，迎接生命中的每一次挑战，创造生命中的每一个辉煌；勉励他们执着奋斗，在奋斗中不断丰富自己的心灵，不断完善自己的人格。

我们安排了学生代表发表青春感言和家长代表发表深情寄语，从不同层面对十八岁成人意味着什么、表达些什么、现在和未来都应该做些什么等内容分别进行剖析，让学生有所思、有所感、有所得、有所行动。

另外，我们在活动中增加了三个小环节，很好地提高了学生参与活动的积极性和热情。第一，手语表演《感恩的心》。这让学生明白应该感恩父母、老师、社会、国家等，让他们印象深刻。第二，发放《宪法读本》。这让学生从法律上又一次确认了自己的成人地位，明确了自己作为中国公民所享有的权利和必须履行的义务。第三，签名留言。让学生把自己对父母、老师、国家以及自己想表达的情感宣泄出来，写下承诺，签上姓名，促使他们言必行，行必果。

学生在宣誓仪式上的铮铮誓言标志着他们正式步入了成年人的行列。庄严的誓词深深印在学生的心田，成为他们前进的动力。从此，他们将迈向人生的崭新阶段，肩负起实现中华民族伟大复兴的“中国梦”。

仪式结束后，校团委和教科室联合把此次活动的影像制作成十分钟的短片，并上传到校园网，供学生和家长观看。同时，学校将这一短片报送泰州教育网，短片在该网的教育动态栏目以《泰州实验中学举行成人仪式》为标题向全社会展播，从而在更广的范围内扩大了此次活动的影响。

宣誓仪式后，同学们开启了一段新的人生航程。莘莘学子用壮丽的誓言、飞扬的歌声，道出了共同的心声，完成了他们十八岁的成人礼，从此他们成了祖国最年轻的公民。他们将用行动去实现不悔的承诺，去撰写无悔的人生，去创造属于自己的辉煌。

六、问题反思与展望

成人礼是当一个人在生理和心理都趋于成熟，可以独自承担起社会和家庭所赋予他的权利和义务时举行的，以庆祝年轻人进入了一个崭新的人生阶段的重要仪式。它是孩童向成人过渡的重要里程碑。对此，学校应该重视起来，把这项工作认真抓起来，落实好。

古人行冠礼，就要“弃尔幼志，顺尔成德”，就要“正容体，齐颜色，顺辞令”。这就给学生提出了具体的语言、行为规范，既要注意外表、体态，又要注重言谈、举止。这些规范督促学生加强自我修养，培养他们自尊、自爱、自重的良好品行，使他们形成较高的责任感，逐步达到成人的自觉境界。因此，学校要策划好成人礼的流程，创新形式，丰富内容，让学生一生难忘、时刻践行！

从教育学的角度看，成人礼具有鲜活性、描述性、解释性、情感性、规范性等特点，构成了极其生动的教育意象，给学生以直观、生动、长效的教育启迪。在仪式的不同阶段，成人礼展现了不同的学习意义，同时由于仪式的情境性，加深了学生的印象。因此，学校在未来的课程改革中，可以将这一活动课程化，开发具有地方特色、学校特色的校本课程，让学生真正体悟到责任，切实担负起责任。

这一仪式虽然短暂，但意义深远。此次活动的开展使我校广大学生的思想道德建设水平又上了一个新的台阶，使学生充分意识到跨入十八岁成人行列的意义，使学生懂得感恩，学会担当，责任在心，青春飞扬。

附：

十八岁成人宣誓仪式上校领导讲话稿

各位来宾、老师、同学们：

今天，是一个富有意义、值得纪念的日子。我校年满十八周岁的学子在此隆重举行十八岁成人宣誓仪式。我谨代表学校向今天参加仪式的十八岁青年学生致以热烈的祝贺和美好的祝愿！

此时此刻，人人都在展望前程，思考人生。成人，这是一个浅显而深刻同时又有着强大警醒作用的词语。它清楚地告诉大家：你们已经长大了，不再是顽童，不再是小孩，应该学会理智判断，应该懂得自我约束。

从法律意义上讲，你们已经具有完全民事行为能力。你们不仅完全享有国家宪法赋予的公民权利，更重要的是你们开始担负应该承担的责任——对祖国、对社会、对家庭、对父母、对朋友、对自己的诸多责任。在这一庄严神圣的时刻，面对着充满朝气和活力的同学们，我想向你们提几点希望。

第一，要坚定理想，志存高远。十八岁是需要对人生进行认真思考和规划的年龄，十八岁是人生求知、明理、立志、修身的关键时期。所以，我希望每一位站在青春起点上的同学，牢记“知言 养气 格物 致理”的校训，树立远大的理想和志向，树立社会主义核心价值观，自觉遵守《中学生日常行为规范》和社会公德，多做关心集体、关爱同学的好事，真正尽到成人的义务，以自己的行动影响和带动更多的人，努力培养良好的品德，完善人格品质，倍加珍惜这青春起航的岁月，刻苦学习，发愤图强，为实现自己的理想打下坚实的基础。

第二，要心怀感恩，勇担责任。十八岁，是需要承担责任的新的起点，无论是从道义上还是法律上，你们都已经成长为一个能够为自己的言行负责任的完整的成年人。当你们举起右手，说出誓言时，就意味着从此你们不仅仅需要关怀，还将担负起更大的责任。从今天起，你们要为自己的言行负责，为自己的今天，为自己的明天，为自己的一生负责！同时，你们肩上承担的成人的责任，不仅有对自己的，还有对家庭的、民族的、社会的、国家的责任。然而，有的同学把学习当作别人和父母强加给自己的任务而消极对待。他们坐在窗明几净的教室里心不在焉，他们面对着老师的教育烦躁不安，他们在敷衍了事、得过且过中打发着时间，有的同学甚至逃课、迟到、不按时就寝、不按时交作业、在课堂上玩手机……这是多么可悲的事情！对一个成人来说，责任重于泰山，如果我们随意挥霍、虚度光阴，又如何能够担当起这泰山般的人生责任呢？因此，十八岁的你们不应当再任性，不应当只想着自己的感受和需要，要想到自己的身外还有别人，要懂得“己所不欲，勿施于人”的道理，要牢记老师的辛勤教导、父母的谆谆教诲，要做一个对得起父母、师长，心怀感恩，勇担责任的人。

第三，要甘于吃苦，奋力拼搏。“立身百行，以学为基”，一个人能有多大发展，能为社会做出多大贡献，很大程度上取决于这个人学习抓得紧不紧，基础知识打得牢不牢。十八岁后，你们要勇敢地面对成人后的第一次考验——高考，要以拼搏的姿态度过每一天，合理高效地安排好每一天，以健康的心态迎接每一天，敢于和别人比能力、比信心、比恒心、比素质，不怕辛苦和挫折，在克服生活的困难中锻炼意志，培养品格，增长才干。

同学们，十八岁如旭日东升，朝气蓬勃，父母期待着你学有所成，母校则期待着每一个学子都获得成功与幸福！让我们在心中永远珍藏这美好的一刻，努力实践自己的誓词，用青春和智慧，用激情和热血，谱写出壮丽灿烂的明天！

谢谢大家！

十八岁成人宣誓仪式上学生代表发言稿

尊敬的各位老师，亲爱的同学们：

大家好！

我是高二（8）班的×××，今天我代表泰州实验中学全体参加十八岁成人宣誓仪式的同学发言。

十八岁，这是一个多么令人神往又充满魅力的年龄，它意味着放下单纯和稚嫩，挑起责任的重担；意味着告别轻狂与无知，走向成熟的彼岸；意味着一段旅程的结束，更代表了一段更漫长的征途的开始。

过去的十八年，我们受到了太多太多的呵护与关爱。这一路走来，有许许多多的人为我们付出辛勤的劳作，我们有太多的人要感谢。今天，在这个特殊的日子里，我最想感谢的是你们——爸爸，妈妈。还记得是你们陪我学走路、教我学说话，还记得你们没完没了的唠叨和叮嘱，还记得我每次生病时你们脸上焦虑的神情，还记得每次放假回家时满桌子可口的饭菜和你们脸上的欣喜。爸爸，妈妈，感谢你们，感谢你们包容我的任性，见证我的成长，感谢你们这十八年来的陪伴。千言万语无法说尽你们对我的爱和我对你们的感激！今天借此机会，我向辛勤劳作的爸爸妈妈道一声："爸爸妈妈，你们辛苦了！"明年六月，我们将赴考场，接受我们成年以来人生的第一个重大的考验，爸爸妈妈，我们一定会尽自己最大的努力不让你们失望。

中国有句古话："一日为师，终身为父。"从我们上学的第一天起，老师便一直不离不弃地在我们身边给予教导。疲惫时，给我们以鼓励；失败时，给我们以勇气；骄傲时，给我们以劝谏。多少次，是你们牺牲了休息的时间来给我们答疑解难；多少次，是你们给我们以心灵的慰藉，让我们在前行的道路上不感到孤单。我想说："老师，感谢你们，感谢你们的一路随行、不辞辛苦，有你们的关心体贴，我们将不惧前行，勇往直前，迎接前方的每一个挑战。有你们，真好！"

在我们的成长过程中，还有许许多多的人为我们付出，正因为有了他们，我们的生活才充满了阳光和幸福。在今天，在这个迈向成熟的日子里，我们要对那些帮助我们的人、关心我们的人、爱我们的人说一声：

“谢谢你们，因为有你们，我们才更有勇气去面对我们的未来。”

终有一天，父母会老去，老师会离我们而去，我们要独自面对生活。但爸爸妈妈，请你们放心，今天，我们长大了，我们向你们承诺：以后我们不会再嫌你们唠叨，我们一定会多陪你们说说话，即使你们上了年纪，我们也不会嫌弃你们。所有为我们辛勤付出的老师，和你们一起度过的岁月，我们会珍惜，一辈子都不会忘却，我们会一直遵循你们的教诲，走好今后的每一步。

人生的路很漫长，也很短暂。我们需要在这个过程中不断地超越自己，实现自己的价值。十八岁就是我们人生的新起点，同学们，让我们共同努力，用我们的双手去实现我们的理想，收获属于自己的辉煌。

今天，我们在这里庄严宣誓，我们长大成人了，从此要拥抱崭新的人生。这一刻，我们为拥有宝贵的青春而自豪。这一刻，我们壮志在胸、豪情满怀，我们充满信心去迎接未来的每一个挑战！

十八岁成人宣誓仪式上家长代表发言稿

尊敬的领导、老师们、同学们：

大家下午好！

我很荣幸能站在这里作为家长代表发言，同时，十分感谢学校给我这个机会，能与孩子们一起见证他们的十八岁成人宣誓仪式。

此刻，我仿佛看到荡漾在同学们十八岁脸上的笑容，褪去了往日的天真和烂漫，展现出无比的坚定与自信，我的心与你们一同感受着这幸福的一刻。

十八岁，意味着长大成人，意味着从此肩上担负起责任：对国家、对社会、对家庭、对自己的责任。看到你们走入十八岁的美好季节，我的内心也充满了无限的期望和祝福。

希望从今天开始，你们能全力以赴、无怨无悔地投入学习，在学习中努力培养自己的文化艺术修养，养成良好品德，具备良好的人文素质和与时俱进的时代意识，爱劳动，会创造，成为一名合格的公民。在此后的人生道路上，你们可以凭借今天打下的良好基础，真诚地对待生活，对待工作和学习。

人生处处皆学问，希望你们能在今后的学习、生活中做有心人。今后要面临的第一个挑战就是高考，但大学也只是人生的一个台阶，踏上了这个台阶，还有更广阔的天地在等待你们，还需要你们用青春、用热情、用责任来面对未来。虽然，每个人都不能随随便便成功，但只要你们肯经历风雨，肯为自己心中的理想去奋斗，你们就是我们心中的成功者。

其实，我对你们的希望，也是每个父母对孩子的希望；我对你们的祝福，也是每个父母对孩子的祝福。因此，我希望同学们，能用青春的承诺放飞理想的风筝，收获智慧；用青春的自信做义无反顾的搏击，收获成功。同学们，十八岁是新人生的开始，请把握住生命中的每一天。你们今天付出种种努力，明天就会结出累累硕果。

在这里，我要特别感谢学校，感谢学校的领导和老师，感谢你们为孩子的成长精心设计每一步，感谢你们为孩子的成功无私奉献每一天。

老师的无私奉献和爱心呵护，让孩子的生活充满了爱和阳光。老师是孩子的良师益友，是孩子成长道路上的守护神和引路人。在某种意义上，他们甚至代替了父母，代替了亲人。因此，在今天这个特别的日子里，我代表全体家长给各位老师深深地鞠个躬。

同学们，昨天的你们是一只羽翼未丰而不敢挑战蓝天的雏鸟，今天的你们则成长为一只能够搏击长空的雄鹰。未来的路还很长，不要停止脚步，要有勇气、有信心地往前走，善待社会，善待别人，善待自己，世界会因为你们而更加美丽，因为你们而更加和谐！

最后，我祝愿领导和老师们健康快乐、工作顺利！祝愿十八岁的同学们阳光成长，前程似锦！

追求低碳环保，发展绿色创新

——太阳能滑翔器设计活动

陈赛清

一、活动背景

近年来，随着人们认识的不断提高，能源需求问题和环境污染问题已成为世界关注的焦点。转变传统的高能耗、高污染的经济增长方式，大力推进节能减排，发展以低能耗、低排放为标志的低碳经济，实现可持续发展，已成为世界各国发展经济的共同选择。作为发展中的大国，中国的能源和环境问题尤为突出。2007 年，党的十七大报告首次提出了“建设生态文明，基本形成节约能源资源和保护生态环境的产业结构、增长方式、消费模式”的理念，为可持续发展指明了方向，也使人们更加关注低碳经济的崛起。

太阳能是来自地球之外的天体能源，人类所需的绝大部分能量都直接或间接地来自太阳。太阳能既是一次能源，又是可再生能源。它资源丰富，既能免费使用，不需要运输，又对环境无任何污染。太阳能能为人类创造一种新的生活形态，使人类社会进入一个节约能源、减少污染的时代。

太阳能热水器、太阳能电池等都是把太阳能转化为人类所需要的能源的装置，能够有效减少全球环境污染，创造洁净的生活环境。燃油汽车是城市中一个重要的污染源头，排放的废气中包含二氧化硫和氮化物，这些都会导致空气污染，影响人类的健康。现在各国的科学家正致力于开发产生污染较少的电动汽车，希望可以取代燃油汽车。但由于现在各大城市的主要电力都来自燃烧化石燃料，所以无论是使用电动汽车还是使用其他以电为动力的运输工具都会增加用电的需求，间接增加发电厂排放的污染物。有鉴于此，一些环保人士提倡发展以太阳能为动力的运输工具。无论是太阳能汽车还是太阳能动力船都把光能转化为电能，电能会储存在蓄电池中，用来推动电动机使其运转。由于太阳能不用燃烧化石燃料，所以不会释放有害物质。

为了全面提高学生的动手能力和设计创作能力，我们组织学生研究以太阳能为动力的空中运输工具——太阳能滑翔器。制作太阳能滑翔器是一项寓教于乐、有一定科技含量且受广大青少年喜爱的科技活动。该活动一方面可以锻炼学生的动手能力，另一方面可以培养学生应用知识解决实际问题的能力，以及分析、处理各种信息的综合能力。

二、活动目的

第一，强调理论联系实际，培养学生的动手能力以及追求真知、勇于创新的精神。

第二，增强学生的社会责任感和环保意识，使他们关注身边的废旧物品的回收利用，实现资源的可持续利用。

第三，让学生在实践中掌握技术和思维方法，培养学生基本的设计能力，提高学生的科学技术素养。

第四，本活动具有很强的趣味性，通过“玩中学，学中玩”，培养学生尊重科学、热爱科学、勤于探索的意识。

第五，让学生充分了解太阳能滑翔器的结构形式、工作原理、制作过程，以及它在环保上的益处等。

第六，让学生了解我国太阳能事业的发展状况，激励学生树立学科学、献身科学的精神。

三、活动实施过程

1. 宣传与动员阶段

我校非常重视科技活动的开展，育人目标就是培养人文素养和科学素质兼备、有创新精神和实践能力的多元化人才。为了更好地把太阳能动力环保运输工具的实践活动开展好，让大多数学生都参与进来，在活动的宣传与动员阶段，我校组织学生观看太阳能科普影片，还用太阳能电池板收集太阳能供校园内广场灯照明使用，并邀请专家做有关方面的知识讲座，在全校掀起了一股太阳能热。

2. 开展太阳能滑翔器探究活动

（1）理论学习

我校在2010年就成立了科学兴趣小组，在活动课上，师生共同学习太阳能滑翔器的工作原理，然后每3～5个学生一组进行讨论，为后面的活动打下理论基础。

太阳能滑翔器的工作原理：太阳能电池是能将光能转换成电力的器件。当光线照射太阳能电池板的表面时，一部分光子被硅材料吸收，光子的能量传递给了硅原子，使电子发生了跃迁，成为自由电子在P-N结两侧集聚形成了电位差，当外部接通电路时，在该电压的作用下，将会有电流流过外部电路，产生一定的输出功率，光子能量转换成电能，电能通过马达转化为机械能，带动塑料滚轮转动，从而在跑道上推动太阳能滑翔器前进，离开跑道后，滑翔器依靠惯性在空中滑翔。

（2）动手制作

所需材料有太阳能滑翔器组件、分层加工后的KT板、剪刀、热切器、焊接胶、AB胶、塑料窗帘轨道滚轮、塑料吸管、废弃的易拉罐等。把分层加工后的KT板切割成长方形，长约50厘米，宽30厘米，前厚约0.23厘米，后厚约0.20厘米。取长边的中垂线，前面两角剪成半径为5.3厘米的四分之一圆弧与两邻边相切。在KT板的下方沿中轴线方向用塑料吸管做主梁，这样可以增强滑翔器的强度。在主梁下方距滑翔器前端9厘米处安装一个可以前后自由滚动的独轮，在距尾部13厘米处安装电动马达，在太阳能滑翔器的上方中轴线上适当的位置（经过平衡测试后确定）平放太阳能电池板。在太阳能滑翔器尾部上方安装一个上底宽3厘米，下底宽5厘米，高为7.5厘米，斜腰厚0.22厘米，直腰厚0.16厘米的直角梯形尾翼。通过改变太阳能电池板的两根接线与马达的两个接线柱的连接可以改变其转向，确保太阳能滑翔器在跑道上是向前运动的。

（3）制作注意事项

① 太阳能滑翔器必须是比较稳定的结构，注意发动机及排线的固定，防止共振以至散架。

② 太阳能滑翔器由密度小、光滑的塑料泡沫，质地轻的吸管和滚轮组成。

③ 太阳能滑翔器底部用吸管制作主梁，主要是为了增加对马达和太阳能电池板等主要部件的支承力，防止滑翔时折断。

④ 太阳能滑翔器的支承板前厚后薄，是为了减少滑行时的阻力，并很好地利用流体动力，让太阳能滑翔器在滑翔时获得较大的升力，从而延长滞空时间。

⑤ 太阳能滑翔器器身最好处理得光滑些，这样可以减小阻力，同时在空中滑翔时也可以确保航向。

⑥ 太阳能电池板水平地安装在太阳能滑翔器的正上方，既符合太阳能电池板的通常安装方式，又有利于参赛选手的工具灯跟踪，还能大大地减少运动时的迎风面，从而减少空气阻力。

（4）实验探究

学生结合所学的数理知识，打破常规思维，对影响太阳能滑翔器的结构稳定性和行驶速度的因素进行了多次讨论探究，最终提出了以下实验探究课题。

① 太阳能滑翔器形状对航程的影响。根据日常生活中的经验，我们最初设计的太阳能滑翔器模型是常见的飞机的形状，装有由太阳能电池板驱动的马达和塑料滚轮，前面有掌控航向的导向轮，此太阳能滑翔器行驶平稳，但是由于在空中滑翔时所受阻力较大，速度较慢，滑翔距离太短，达不到理想的效果。后来，我们把两只塑料滚轮直接安装在马达的转轴上，减少了传动时能量的损耗，速度有了较大的提高。

② 如何提高太阳能滑翔器的稳定性。我们设计的中心主梁结构起到了很好的稳定效果，但是在运行时有侧偏的情况。我们通过采用不同大小的塑料滚轮进行比较，发现塑料滚轮大的速度更快，但是有一定的限制范围，在塑料滚轮直径为2.3～2.8厘米时速度最快。安装滚轮要有支架，否则塑料滚轮会碰到滑翔翼。另外，轮距较窄，滑翔器容易在跑道上翻掉。于是我们不停地改变滑翔器的结构形式，多次实验后发现滑翔翼越大越

好，因此我们将滑翔翼定为前后长 30 厘米，左右宽 50 厘米，在距离滑翔器前端 9 厘米处安装一个可以前后自由滚动的独轮，在距尾部 13 厘米处安装电动马达，在太阳能滑翔器的上方中轴线上适当的位置（经过平衡测试后确定）平放太阳能电池板。针对侧面倾偏的情况，我们仔细研究发现主要原因有两种，即马达上的两个轮子有大小偏差和三只轮子的旋转平面不平行。为解决侧偏的问题，我们通过在跑道上试跑来调整，尽量让马达的轴与主梁保持垂直，同时前面的导向轮也尽可能位于两个主轮平面的中分面上，在安装时先不固定死，经过测试后再固定，这样处理后滑翔器在跑道上再也没有出现侧偏的情形。

③ 如何防止太阳能滑翔器跑偏。针对这一问题，我们进行了认真思考，一致认为可能有以下几个原因：马达不正，转轴没能与主梁的中心线垂直；整个太阳能滑翔器身两边质量分布不均，太阳能电池板偏于一侧；太阳能滑翔器器身左右两侧 KT 板的大小、形状、厚薄不一；太阳能滑翔器塑料滚轮面不平衡，滑翔翼不对称；太阳能滑翔器左右两侧的 KT 板在加工过程中出现扭曲；太阳能滑翔器的尾翼安装不在中轴线上。针对这些问题，我们认真研究并一一解决之后，太阳能滑翔器基本能在跑道上和空中沿直线运动，运行速度也有了较大的提高，飞行的滞空时间大大延长，滑翔距离也大大增加。

3. 参加全国比赛

太阳能滑翔器研究活动在我校开展得轰轰烈烈，参与的学生达数百人。由于平时科技实践活动开展得较多，我校涌现出了一批动手能力强、有创新精神、热爱科技的学生。在 2013 年“全国中小学生创新大赛暨知识产权宣传教育活动总决赛”中，我校代表队技压群雄，荣获团体金奖、优秀组织奖等各项荣誉。孙芝昊同学荣获太阳能滑翔器竞远赛个人绿色创新奖全国总冠军，沈梦雅同学荣获太阳能滑翔器竞远赛个人绿色创新奖全国亚军，毛晶梅、沈宇铖同学荣获太阳能滑翔器竞远赛个人绿色创新奖全国季军，创下包揽前四名的奇迹。洪泽、陈赛清两位教师荣获了 2013 年度全国创新教育辅导员一等奖、优秀组织工作者奖。我校一直坚持以“以点带面、以竞赛促活动”的原则开展科技活动，取得了显著的效果。一方面通过活动的普及，可以挑选有特长、动手能力强、对科技活动有热情有兴趣的学生参加省级、国家级的竞赛，为校争光；另一方面也提高了学生的科学素养，促进了学生的全面发展。

4. 活动收获及学生感悟

通过参加太阳能滑翔器设计的实践活动，学生充分体会到数学知识、物理知识与实际生活是紧密相连的，认识到打破常规模式运用科学原理就能有创新与发明。通过团队合作，他们了解了太阳能滑翔器的原理、制作过程及环保特性，培养了探索精神，增强了环保意识。而且，由于平时的学习仅局限于课本上的理论知识和茫茫“题海”，学生很少有机会动手操作，这样的研究给他们提供了一个展示自己的机会，培养了他们的动手能力、合作能力和创新意识，使他们明白了“实践是检验真理的唯一标准”，但科学的实践应以事实为依据，要秉持严谨的态度，而不能无凭据地空想。

以下是几位学生的感悟。

孙芝昊：通过这次活动，我大大改变了去年的那种自以为是的态度，认识到了科学具有严谨性，我们不能马虎了事。从这次的团体比赛中，我知道了团体的力量是无穷的，我们只有团结一致才能取得成功。

毛晶梅：我们所制作的太阳能滑翔器，飞行距离从最初刚飞就落增至我们原来想都不敢想的三米多，这证明我们的辛苦付出没有白费。另外，我们体会到我们所学的知识是有用的，如怎样减少阻力、提高升力、延长滞空时间等。这次活动既锻炼了我们的动手能力，也体现出创新大赛的核心意义。

吴怡：我发现团结、友爱、创新是我们中学生应有的品质。

卫星宇：我们先思考怎样的装置在跑道上运动受到的阻力最小，研究了许多方案，可是都不行。最后我们通过实践得出了一个最好的方案，就是让动力部分不经过任何传动装置而直接在马达的转轮上安装转轮。在这次比赛中我收获了很多。

沈宇铖：这次活动大大拓宽了我的视野。我知道了有动力飞行与无动力滑翔的显著不同，知道了在传动过程中会有能量的消耗，懂得了“差之毫厘，谬以千里”的道理。

寓学于乐，在做中学

——主体参与下的电子百拼活动

陈美琴

一、电子百拼活动背景

2014 年，江苏省教育厅发布了关于全省中小学生竞赛活动项目的通知，其中由江苏省青少年科技中心主办的第十四届青少年电子技师认定活动是为了贯彻党和政府科教兴国和可持续发展战略，落实《中共中央、国务院关于加强科学技术普及工作的若干意见》和教育部关于进一步加强素质教育等有关文件的精神，促进更多的青少年参加电子科技实践活动，激发他们学习和探索电子科学的兴趣，使其成为优秀人才。

电子技师认定活动包括电子百拼、物联网三合一创新设计、物联网疯狂毕加索三个项目。在2014年的电子技师认定活动中，我带领学生参加了电子百拼项目。在培训过程中，我采用学校提倡的主体参与课堂教学模式，与学生相互影响，共同感受，共同发现，共同体验，共同发展，最终取得了36人参加江苏省青少年科技竞赛系列活动（泰州靖江分赛区）电子百拼初中组比赛全部获奖（其中，17人获得一等奖，16人获得二等奖，3人获得三等奖）的好成绩。

二、电子百拼活动简介

电子百拼活动所使用的器材是全国青少年电子技师认定活动专用的“智力百拼电子”。这些器材是由透明安装底板和焊接了各种电子元器件（电阻、电容、二极管、三极管、导线等）的带有子母扣的塑料块组成的，电子元器件上用文字和符号标出名称、规格，还附有一本精美的《拼装指导手册》。利用塑料块上有弹性、可导电的子母扣，可将电子元器件有序地在安装底板上连接成一个完整的电路。从简单的电灯电路到复杂的中波收音机电路，不用焊接，不用工具，在较短的时间里就能直观地实现各种电路的连接，合上开关就能显示出电路的视听效果，使电子技术知识充满了趣味性、创造力，使学生寓学于乐，自然地激发了学生深入探究科学的兴趣和志向。

在电子百拼活动中，我们注重学生的自主参与，除了教给学生一些简单的电子技术基础知识，更注重对学生生活本领的培养。

三、电子百拼活动实施过程

1. 准备阶段

接到通知后，2014年4月10日，我组装了一个“光控可控硅供电放大太空大战声”的电路走入初二年级各班，与班主任一起在班上动员学生报名参加电子百拼活动。刚刚学习了一些声、光、热等物理知识的学生对此非常感兴趣。受条件的限制，我挑选了36位初二学生，组成了“泰州实验中学电子百拼团”，同时在QQ上组建了“泰州实验中学2014电子百拼群”，以方便学生交流拼装方面的困惑和收获。我制订了一期和二期的培训计划，培训计划中各课时的培训内容结合了比赛内容的三大块——基础知识卷面题、模拟型电路拼装、创新型电路拼装，并将《拼装指导手册》中的660个电路图有效分配到每一课时。

2. 活动过程

我们首先进行的是基础知识培训，因为学生没有学过电学，所以我就将初三物理书上的电路、电流、串联和并联、电压、电阻、导体和绝缘体、二极管、电容器等知识用课件一一展示给他们。接着讲授电路的各种故障，尤其是短路故障。之后，我开始和学生一起用电子百拼活动给定的器材组装简单的串联、并联电路。有的学生因为怕出现故障，不敢动手，这时我鼓励他们：“这就如同你们儿时玩的积木……不要担心犯错，犯了错，找到原因，改正就行……”受到鼓励的学生很顺利地完成了串联、并联电路的连接，理解了串联、并联电路短路和断路故障，不但为后面的模拟型电路和创新型电路的拼装做好了准备，也为初三学习电学打好了基础。

制订活动计划时我发现，获得比赛成功的关键是对三极管知识的有效教学。三极管分NPN型和PNP型两种，在器材盒中分别用红色和绿色加以区别，如果让学生机械地去记忆二者的用法，学生有可能难以理解，在实际操作中容易犯错。因此，教学生认识三极管时，我借助主体参与课堂教学模式让学生先自学书本，然后四人一个小组相互交流，自主连接好对应的电路图，并观察现象，在分析、比较、归纳后进行全班汇报。虽然学生在连接时烧坏了好几个三极管，但他们找到了烧坏的原因是由于三极管的基极中电流过大，这就是一种极大的收获。

我还印发了《电子百拼比赛技巧和相关规则》，指导学生自学并讲给同组成员听，巩固学生的记忆。从第一次正式连接电路起，我就要求学生将每一次的模拟型电路拼装都当成比赛，严格遵循比赛规则，养成良好的习惯，达到熟练拼装的程度。这也是比赛现场我校参赛学生步调一致，器材摆放、使用规范的原因。

我又认真研究了前几年的比赛试题，发现模拟型电路拼装的重点在于两个三极管组成的复合管、数码管、集成电路等复杂电路的连接，创新型电路拼装的重点在于实现所要求功能的电路的改错。复杂的电路是由简单电路组合来的，所以应先使学生拼好简单电路，于是，我精心设计了记录表格，每个格子中的数字都对应着《拼装指导手册》上的电路图序号，要求学生每完成一个电路的连接，就在对应的数字后面打上"√"，并将困惑和收获记录在空白处。我自己也认真连接每一个电路，并不断思考学生可能会犯的错误，等到我们开展社团活动时，我和学生就有了很多的共同语言。在 4 月 11 日至 5 月 30 日第一期的培训活动中，我们将《拼装指导手册》上的 660 个电路图都连接熟练了，此时学生连接复合管、数码管、集成电路已经得心应手。

10 月 16 日，二期培训开始了，此时学生已经升入初三，虽然他们的学习任务很重，时间也很紧张，但参加培训时他们脸上的笑容在告诉我：他们非常愿意参加这次活动。"现在听物理老师讲电学知识一点都不陌生，感觉好简单!"这是二期培训时我最常听到的话。在二期培训中，我们以创新型电路拼装为主，我精心设计了十二份练习，因为每次社团活动时间只有 40 分钟，所以每份练习有两道题，规定每道题在 10 分钟之内完成，完成后小组交流 10 分钟，还有 10 分钟由完成得比较好的学生介绍自己是怎么思考、怎么连接的，最后我再根据观察到的问题进行总结。

完成十二份练习后，我们就进入了冲刺阶段。根据前几年的比赛试题，我精心准备了五套模拟题。第一套模拟题由全班集体完成，目的是让学生熟悉比赛流程。其余四套模拟题由学生小组合作完成，最后我们再相互交流，解决困惑。

四、电子百拼活动培训过程的特点

1. 趣味性——潜移默化地培养了学生对电子制作的兴趣

德国教育家赫尔巴特把发展广泛的兴趣视为教育的主要目标之一，认为兴趣能引起学生对事物正确的、全面的认识，它导向有意义学习，促进知识的长期保持，并为进一步的学习提供动机。兴趣不仅使学生渴望获得知识，而且在学习过程中伴随着的愉快情绪有利于学生产生进一步学习的需要，也有利于对学生其他方面潜力的挖掘。

教育心理学告诉我们，学生对某门学科的学习兴趣，不是生来就有的，而是在学习过程中，由于多次获得成功，体验到满足需要的乐趣，逐渐强化了最初的求知欲，从而形成的一种比较稳定的学习动机。电子百拼器材独特的子母扣设计将二极管、三极管、电阻、电容等各种电子元器件制成元件块，便于组装、连接成完整电路，既克服了一般玩具知识含量低的缺陷，又突破了传统电子制作必须进行焊接的局限，使学生对电子知识的学习变得轻松、有趣、方便、简单。由于参加电子百拼活动的是初二学生，他们最初没有学过电学知识，于是，我先讲授电学中的基础知识，然后鼓励学生利用器材中自带的《拼装指导手册》，自行照图拼接，并将拼接后观察到的现象记录在表格中。陶行知说过：“‘做’是发明，是创造，是实验，是建设，是生产，是奋斗，是探寻出路。”我根据活动方案，从简单的手电筒电路到有趣的三极管调光灯电路，从简单的讯响器电路到成就感十足的收音机电路，让学生逐步进行连接，使学生从中体验了活动的乐趣，潜移默化地培养了学生对电子制作的兴趣。不少学生利用电子器材拼出了“生日贺卡”“家用防盗报警器”“收音机”等，这令他们十分开心，体验到了极大的成就感。

在平时的电子百拼活动中，我注意点燃学生对科学的好奇之火，激发他们探求科学的欲望，及时发现学生思维过程、实践活动中的障碍，帮助他们突破难点，从而使他们乐于主动地探索科学的奥秘，培养了学生的生活本领。

2. 基础性——寓教于乐，使学生了解了电子知识

由于电子百拼活动是从最基础的电路和元器件入手的，所以入门门槛较低，即使是初二刚刚学习物理还没有接触过电子器件的学生也能进行拼装。所以这一活动使学生很快踏入了电子知识的殿堂，并在随后的实践中渐渐地了解和掌握了相关的电子基础知识。在活动中，我特别重视对学生安全意识的培养，使之养成良好的操作习惯；随时提醒学生注意安全，严防电路出现短路故障；要求学生集中精神，不开玩笑，对不了解的仪器设备不随便乱动。经过这样的提醒和训练，学生已经基本上形成了电路拼装的好习惯。每次活动时学生都知道先做什么，再做什么；拼装不成功时，知道先检查什么，再检查什么。

电子百拼活动开展一段时间以后，学生的熟练程度和兴趣不断增强，各科学习成绩不断提高，初中所学的电学知识也得以巩固。

3. 挑战性——培养了学生坚韧不拔的探究精神

学生是学习的主人。教师要面向全体学生，本着尊重学生自主性的态度，使学生的特长得到充分的发挥，为学生的终身发展打下基础。我们知

道，学生的有意注意还不是十分成熟，加之精力充沛、兴趣广泛，往往会出现注意力分散的现象。在电子百拼活动中，如果一直让学生照图拼装，用不了多久，学生的注意力就会转移，就会对电路拼装失去兴趣，因此，教师要从不同角度、不同层面来激发学生潜在的、个性化的兴趣。

例如，我第一次带领学生用数码管、3V 电源和若干导线拼出英文字母“O”时，学生非常兴奋，他们发现：原来生活中那些发光的字是这样形成的呀！学生感到电学知识十分有趣，学习起来也比较轻松，从而树立了信心。接着我又提出新的问题：你能用数码管、3V 电源和若干导线拼出英文字母“S”吗？让学生对活动保持较高的热情和兴趣，并在不断的成功、失败、再成功的过程中，激发学生的挑战欲望，培养学生坚韧不拔的探究精神，使学生常有新的发现和新的收获。

又如，在三极管电路的教学中，我通过不断创设新的情境，激发学生的探究兴趣，使学生一直处在探究新领域、新课题的兴奋状态之中，从电子放大电路、开关电路、有光灯亮、无光灯亮，到电容延时亮和延时熄灭电路等，步步设疑，层层深入，逐步提高难度，使三极管电路教学犹如造塔工程，从基础到提高，使学生在不断的闯关和挑战中学到了知识，为电路拼装的创新打下了扎实的基础。

4. 创造性——激发了学生的创新思维与创新能力

从拼装简单的电子电路到拼装大型集成电路的过程就相当于科学家不断创新与创造的过程。在电子百拼活动中，只要通过不同元器件与不同单元电路的组合，就能“创造”出一个新的电路。

五、电子百拼活动收获

电子百拼活动是一项集动手与动脑、趣味性与知识性为一体的青少年科技竞赛活动项目。该活动通过让学生动手拼装电子电路、学习基本物理知识与实践电子技术知识，使他们了解、掌握了更多电学方面的原理；导入了基础性、趣味性、创造性的因素，把书本的知识具体化，消除了学生对电子科学的神秘感；借助主体参与课堂教学模式，使学生在完成作品时感受到成功的喜悦，进一步激发探索电子技术未知领域的好奇心，提高科学素养和创造能力，为将来的科学探索打下良好的基础。

第四章

主体参与下体验式学习的调查研究

第一节　主体参与下体验式学习调查的实施

一、调查目的

本调查通过问卷、访谈等方式来检验体验式学习对我校学科教学的有效性和可行性，即检验体验式学习所能达到目标的效度，包括以下几个方面：调动学生的学习积极性，提高学生的学习效率；提高学生的合作交流能力和探究能力；实现情感态度与价值观的教学目标；发展学生的创新意识和实践能力。

二、调查设计

本调查以泰州实验中学高一的两个班和高二的两个班为研究对象，进行体验式学习的实验研究。

本调查采用自然实验法，两个班的教学只改变学生的学习理念和学习方式，即一个班应用体验式学习方式，另一个班采用常规学习方式，而其他因素不变，如教学内容、教学课时等。

本调查研究的数据资料是通过抽样问卷调查表收集得来的。

（1）按研究对象对比：实验班与对照班在学习效果和学习能力方面变化的对比。

（2）按时间对比：体验式学习方式应用前后的对比。

三、调查过程

1. 选取实验班和对照班

实验对象是高一的（7）班、（8）班和高二的（1）班、（2）班。其中，（7）班和（1）班为实验班，（8）班和（2）班为对照班。

2. 选取调查方法

让学生在自然状态下接受调研，采用问卷调查和期末大市统考成绩测量两种形式进行调查。调查的内容包括学生的学习兴趣、学习态度、学习效果、合作交流能力、创新实践能力等。

3. 调查变量的操作与控制

（1）自变量的操作与控制

本调查的自变量是体验式学习方式的选择。

（2）因变量的操作和控制

本调查的因变量是学生的学习兴趣、学习态度、学习效果、合作交流能力、创新实践能力等。

（3）无关变量的控制

本调查的无关变量主要包括教学课时、教学进度、教学内容、作业布置等。在实验过程中应尽量保持实验班和对照班的教学内容、教学课时、教学进度、作业布置等一致，避免无关变量对实验的干扰。

4. 调查实施程序

（1）调查准备

确立调查的理论依据，制订课题实施方案。

（2）调查开展时间（2014 年 1 月至 2014 年 7 月）

前测：以高一和高二第一学期大市统考成绩为前测成绩，同时对学生进行问卷调查，调查学生的学习兴趣、学习态度、学习效果、合作交流能力、创新实践能力等。

实验干预：实验班采用体验式学习方式，对照班采用常规学习方式，时间为 6 个月。

后测：实验结束后，实验班和对照班同时参加高一、高二第二学期大市统考，分析实验班和对照班的考试成绩。同时，再次对实验班进行问卷调查，调查学生的学习兴趣、学习态度、学习效果、合作交流能力和创新实践能力等。

（3）调查总结阶段

收集有关数据，进行汇总分析，撰写论文。

第二节　主体参与下体验式学习调查的结果与分析

一、大市统考成绩数据分析

以下是实验班和对照班第一学期和第二学期的大市统考成绩数据统计表。

实验班、对照班第一、二学期大市统考成绩数据统计表

成绩 / 班级	前测（第一学期大市统考）			后测（第二学期大市统考）		
	全校前50名所占人数	全校前100名所占人数	全校前150名所占人数	全校前50名所占人数	全校前100名所占人数	全校前150名所占人数
高一(7)	10	15	25	14	21	28
高一(8)	8	17	28	12	19	27
高二(1)	14	25	30	20	28	34
高二(2)	15	27	31	16	28	31

从表中数据可以看出，在前测中，实验班和对照班的总体成绩差别不大。但从后测成绩可以看出，经过6个月的实验后，实验班的总体成绩均优于对照班。

二、问卷调查数据分析

以下是选取的两个实验班在实验前测和后测进行问卷调查的数据统计表。

高一（7）班问卷调查数据统计表

选项	题号 / 时间	1	2	3	4	5	6	7	8	9	10
A	前测	21.2%	17.8%	19.3%	33.8%	28.4%	30.6%	20.2%	30.3%	31.5%	12.4%
	后测	53.3%	47.6%	78.9%	63.4%	61.3%	67.4%	53.2%	72.3%	64.2%	84.9%

（续表）

选项	时间 \ 题号	1	2	3	4	5	6	7	8	9	10
B	前测	39.6%	40.4%	46.3%	38.2%	32.6%	52.4%	32.1%	54.8%	41.6%	34.2%
	后测	34.4%	36.5%	16.8%	23.4%	35.4%	25.8%	33.7%	21.5%	26.1%	7.5%
C	前测	39.2%	41.8%	34.4%	28.0%	39.0%	17.0%	47.7%	14.9%	26.9%	53.4%
	后测	12.3%	15.9%	4.3%	13.2%	3.3%	6.8%	13.1%	6.2%	9.7%	7.6%

高二（1）班问卷调查数据统计表

选项	时间 \ 题号	1	2	3	4	5	6	7	8	9	10
A	前测	24.4%	20.3%	25.8%	36.9%	29.3%	34.6%	27.6%	24.3%	37.2%	13.4%
	后测	57.3%	49.9%	78.3%	64.5%	63.2%	69.8%	56.3%	73.4%	66.1%	84.5%
B	前测	38.7%	42.3%	45.3%	38.6%	31.8%	51.2%	35.6%	52.3%	40.6%	26.4%
	后测	37.3%	43.3%	16.4%	20.2%	32.6%	23.7%	32.4%	20.2%	21.1%	7.8%
C	前测	36.9%	37.4%	28.9%	24.5%	38.9%	14.2%	36.8%	23.4%	22.2%	60.2%
	后测	5.4%	6.8%	5.3%	15.3%	4.2%	6.5%	11.3%	6.4%	12.8%	7.7%

从表中数据可以看出，实验班的后测结果明显优于前测结果，这说明了在经过6个月的体验式学习方式训练后，学生在学习兴趣、学习态度、学习效果、合作交流能力、创新实践能力等方面均有显著的提高。另外，高一和高二比较看来，高二学生对体验式学习方式更为接受，效果更好。

三、调查研究结论

学生采用体验式学习方式比采用常规学习方式的学习热情更高、兴趣更浓、学习效果更好。体验式学习能够明显提高学生的学习能力、学习信心、合作交流能力和创新实践能力等。

第五章

主体参与下体验式学习的实践反思

第一节 主体参与下体验式学习实施中存在的问题

学生的学科学习和日常生活为他们的体验提供了对象，而现有的经验和认知又为感悟、反思提供了基础。

但在实际教学中，学生常常只能被动体验，缺乏自主性，教师预设体验较多，生成体验较少。教师往往主观地将学生的感受引入自己的既定思维，对于学生不同的具体感受很难以欣赏的心态去面对，从而使体验式学习陷入被动。还有部分教师缺乏对体验式学习的价值和内涵的深刻认识。此外，在体验式学习后，对知识和技能的评价尚能量化，但是由于情感态度与价值观很难在一次或几次体验活动中形成，而需要不断内化、不断反复、不断调适才能固定下来，因此仍需要深入研究和思考其评价机制。

体验式学习适应了时代对人的发展的要求，是基础教育新课程改革背景下学习方式变革的有效途径之一，因此受到广泛的关注。我们在教学实践中进行了积极的尝试，在这一过程中，发现主体参与下的体验式学习实践还存在着以下问题。

一、教师的角色认知不清

很多教师缺乏对组织、管理课堂有效学习活动的研究，偏重于对知识传授和习题训练的过程研究，教师的教科研站位还有待进一步调整。有些教师仅仅具备渊博、精深的专业知识，可以说他是一位优秀的知识传授者，然而，这还远远不够。即使他再具备娴熟、精巧的个体学习指导能力，也只能说他是强有力的学习训练指导者，却不一定是一位优秀的课堂有效学习活动的组织者、管理者。

二、学生的主体意识不强

在目前的课堂教学中，学生的主体意识并没有得到有效激发，其主体作用也没有得以充分发挥，这是制约学生个性发展的主要障碍。很多小组合作学习依然是由学优生“唱主角”，学习交流、头脑风暴等也仅仅在一定范围内起作用。另外，教师创设的情境不够丰富和真实，也使学生的参与程度不高，创新能力得不到充分的发展。

三、个性化体验不足

教学中，个性化的体验、感悟往往被标准化的答案所代替。体验是学生在教育过程中认知、情感和意志综合作用的结果，涉及对自然事物、社会现象及人自身的认识和评价，但很多教师往往不太重视学生在学习中的体验。成人的观念、社会的规范等披着知识的外衣，以标准化答案的方式剥夺了学生个性化的人生体验过程和结果。

第二节 主体参与下体验式学习实施中存在问题的原因

在推进主体参与下体验式学习的过程中，之所以存在种种问题，其原因主要有以下几个方面。

一、将体验等同于参与

一些教师认为，体验式学习强调学生的参与和践行，因而课堂上只是空出了活动的时间和空间，不管学生有无体验或体验如何，都算是进行体验式学习了。还有的教师认为，体验式学习就是联系实际，只要活动内容与实际生活有联系，不管学生经历了怎样的活动，都算是体验式学习。甚至，部分教师认为，体验式学习就是学生在教师放任不管的状态下自己学习。

二、追求结果，忽视过程

教学中，一些教师缺乏对学生体验过程的恰当点拨和适时引导，片面追求体验活动的形式，忽视学生的自主体验和内化体验，只想方设法让学生表达出预定的体验结果。其实，体验式学习的目标并不是体验活动本身，学生在行为体验的基础上所发生的内化、升华的心理过程，才是体验式学习的最高境界。

三、寻求统一，轻视差别

体验与个体的自我意识紧密相连，具有个性化的特点。也就是说，不同学生对同一事物的体验、感悟可以而且应该是不同的。然而，一些教师过于重视课堂教学的统一性或同一性，期望通过一次体验就让学生的学习达到预期结果，或直接跳过体验，用讲解等方式代替学生亲历，来让学生接受知识。

四、缺乏课程资源开发意识

新课程改革明确要求增加体现学生的体验式、自主式、探究式学习的教学实践，但实际教学中，大部分教师仍然趋向于使用应试教育的“题海战术”，即使在体验式学习组织过程中体现了教学角色的转换，学生还是很难适应体验式学习的总体环境，使体验式学习不能真正发挥应有的作用。因而，还需要加强体验式学习的理论和实践研究，真正找到解决问题的多种途径。

五、评价机制有待改进

现在对学生的学习评价还是以掌握应试解题技能和应试速度技能为主。虽然按照体验式学习的要求授课有利于增强学生的适应能力，改善学生的学习态度，提高学生的学习效果，使学生成为主动、有效的学习者，但关于体验式学习的评价机制还不够完善，即使有，主要关注的也只是体验式学习后的知识掌握与运用程度。

实际上，体验、反思、检验是体验式学习最关键的因素，体验式学习需要经过体验、反思、分享、讨论与评价、抽象概括、实际检验六个步骤才能达成，这几个步骤还会因学习目标不同而有所调整，所以，必须进一步完善与之配套的评价机制。

第三节 主体参与下体验式学习实践中问题的解决策略

体验式学习的内容丰富多彩，教学形式也多种多样。对实施过程中所存在的问题，我们应该从认识和操作两个层面来解决。

一、在认识层面上，要深化对体验式学习的全面理解

1. 要真正领会体验式学习的目标

体验式学习的目标指向人的综合素质的提高，它不仅能提升学生的思想道德和心理品质，也能提升学生的科学素养。科学素养是知识、技能、态度的综合体，国际上科学启蒙课程大多都包含科学探究，科学情感、态度与价值观等领域的内容。这些领域的课程目标的落实与具体化，是个体与社会文化融合、再创造的结果，需要通过体验式学习来实现。

体验式学习不仅是情感层面的，而是多层面、多领域的，只有找准体验式学习的切入点，学生才能获得全面的提升。

2. 要正确认识体验式学习的真正作用

课程改革已经进入了一个自主创新、再创新的时期。大胆改革接受性学习，深入拓展研究性学习，科学应用体验式学习等已经成为新课程改革的共同呼声，但不能把体验式学习看成可以取代其他学习方式的“万能”方式。

体验式学习并不适用于所有的学科领域和学习主题，但它可以独立用于学科学习，也可以与其他学习方式配合使用。教师可以根据教学内容和教学目标，整合多种学习方式，利用适当的教学资源，按照创设情境、自主体验、相互交流、归纳迁移的环节，指导学生开展体验活动，引导学生在获取知识与技能的同时，学会学习，学会发展，形成科学的价值取向。

3. 要科学进行体验式学习的课程规划

知识分为描述性知识和程序性知识两类，描述性知识是关于“是什么”的知识，程序性知识是关于“怎么做”的知识。其中，描述性知识一般不适合用体验式学习方式获得，对这些系统性的、属于间接经验的知识

的学习，采用自主学习等方式比采用体验式学习方式更有效。

而且，采用体验式学习方式不等于要把每节课都设计成完整的体验活动，最好的做法是将体验活动融入综合实践活动课程中。

4. 要合理利用资源进行体验式学习

在实践中，各种教学手段都能增加体验情境的信息量，也能通过直观的图片、视频等强化学生的体验效果，引发学生的积极思考，加速学生内化体验的过程。特别是在信息技术飞速发展的今天，电脑、手机等都为学生的体验式学习提供了可能和保障。因此，教师要与时俱进，合理利用各种资源进行体验式学习。

二、在操作层面上，要关注体验式学习的具体实施

1. 预设好体验情境，引领体验式学习

在课堂教学中，创设良好的体验情境是体验的开端，也是引发学生积极体验的动力。创设良好的体验情境要从以下几个方面着手：设置趣味情境；引用热点新闻和社会现象；让学生亲自操作，体验感受；运用多媒体技术等。总而言之，教师要精心设计，认真组织，尽可能吸引全体学生参与到活动中，在活动中“以身体之，以心验之”，使学生产生丰富的体验。

2. 创造宽松的学习氛围，鼓励体验式学习

体验的感受很容易消失，因此教师应及时鼓励、引导学生表达自己的体验感受。尤其是一些基础不好、自信心不强的学生，更需要教师为他们搭建平台，给他们提供表达的机会，使他们体验成功的感觉。当个别学生在学习上遇到困难时，教师要耐心细致地给予帮助，让学生鼓起勇气，克服困难。

3. 注重总结和评价，筑牢体验式学习

在课堂教学中，教师可以通过设疑、组织讨论等方法了解学生对知识和技能的掌握情况，对学生及时地进行点拨，纠正学生在学习上所犯的错误，尽量让学生获得正确的学习体验，引导学生获取成功。教师尤其要注重总结和评价，及时反馈，使学生的体验得以巩固和深化。

第六章

主体参与下体验式学习的再出发

发展和提升教育软实力

现在有“硬实力”“软实力”“巧实力”之说，我通过对软实力的研究，对其有了全面、深刻的认识，且觉察到它对教育发展具有较大的内在影响力。

一、软实力之说的来源

软实力（soft power）之说是美国哈佛大学教授约瑟夫·S. 奈在一本书名为《美国注定领导世界？——美国权力性质的变迁》（*Bound to Lead：The Changing Nature of American Power*）中首先提及的。

按照他的解释，软实力是权力来源中的“第二张脸”，是一种影响他方行为而达到自己目的的能力，是相对于军事、经济等硬实力而言的美国力量的另一面。他认为，美国只要将文化、价值观和国民凝聚力等潜在的软实力优势转化为实际的影响力，便定能领导世界。

二、软实力之说在美国政务中的应用

“软实力”一词被广泛应用于国际事务之中，美国政要及地区官员经常提及“软实力”这一说法。如美国之音（The Voice of America，简称VOA）公开播出一条消息说：“President-elect Barack Obama has indicated his administration is likely to be less reliant on the threat of military force to persuade and influence other countries，and more likely to use so-called soft power，the attractiveness of a nation's ideals，culture and way of life.”意思是，美国总统奥巴马表示，他的政府很可能减少通过军事威胁的力量来说服或影响其他国家的做法，而更多地使用所谓的软实力，也就是美国的文化、生活、信念的吸引力。

其实，我国古典军事文化著作《孙子兵法》中的“不战而屈人之兵”，说的就是靠谋略吸引、观念趋同、魅力招约等战胜对方，靠的就是一种软实力。

三、软实力之说在中国的发展

我们在谈到软实力建设时，通常会讨论我们遭遇的所谓的“文化侵略”，如美国3D影片《功夫熊猫》从我国捞走了大量的财富，美国三把“文化软刀片”——好莱坞的大片、肯德基的薯片、硅谷的芯片已经在中国人的价值观上下手，韩剧在我国风靡一时等，这样一来，我们自然就产生了建设文化软实力的紧迫感和危机感。

其实，外国人也同样表现出对中国文化魅力的“担忧”，他们“担心”的是中国的发展变化。美国外交关系协会研究员Esther. Pan在2006年撰写了一篇评论，题为《中国软实力的启动》（*China's Soft Power Initiative*）。他在引言中讲道：“中国不仅有引人注目的经济发展，还伴随了其文化和外交全球性的迅猛扩张。”他认为，中国正在持续稳步地加大对国际文化交流的支持，派遣医生和教师到国外工作，欢迎外国学生到中国学习，在全球开设孔子学院。他引用了美国外交关系协会Elizabeth Economy的话：“中国软实力伴随文化、教育、外交而生。”纽约评论家John Derbyshire在他的个人主页上也评论说，现在美国的孩子玩中国的玩具，听中国的流行音乐，看中国的电影，可见中国文化影响之大，其中凸显了中国的软实力。

四、学校教育中的软实力

发展和提升软实力，对兴办教育具有时代意义和实践意义。在目前的教育背景下，有的学校硬实力好，有的学校软实力强。硬实力指的是校舍、设备、设施、师资等，即教育现代化的硬件标准；软实力指的是班子领导力、管理执行力、运行制度力、师生发展爆发力、学校内部凝聚力等。

在未来的学校管理中，软实力将是一所学校的核心竞争力。目前，多元升学的渠道已经立体式拓开，多样化的学校已经同时并存，教育的均衡看起来是硬实力的均衡，但实际上必须从软实力均衡开始。

我校坐落于泰州市医药高新技术产业开发区，交通便利，区位优势明显，校容校貌全市一流，师资队伍实力雄厚，拥有音乐室、美术室、舞蹈房等一流的教学设施，宽敞舒适、设施齐全的学生公寓，以及足球场、田径场和篮球场等齐全的体育设施，在硬实力上完全能与其他一流学校的硬实力相媲美。

在软实力方面，我校呈现跨越式发展趋势，近几年承办了国家级、省级、市级教研活动20余次，先后获得“全国素质教育先进学校”“全国创新教育先进学校”“全国环境教育示范学校”“综合实践活动全国先进实验单位”“全国校园文化系列活动优秀单位”“江苏省基础教育课程改革先进集体”“江苏省平安校园”“江苏省绿色学校”等荣誉称号；在国家及省教育厅组织的中学生创新大赛中多次获奖，我校师生受到多家媒体的采访报道；拥有学生社团32个，文化传承类课程和文化传媒类课程已在高中部和初中部体现出独有的课程特色，综合实践活动课程常态实施受到教育部相关部门的表彰；连续两年承办了教育部“国培计划”优秀师资培训项目，充分展示了我校的课堂教学改革、校本课程实施和学校的文化重建；国际文化交流和国际办学合作近年来高位转型。总之，我校的学校发展、教师发展、学生发展、教学改革发展等与“十二五”规划要求合拍，已经实现了从农村中学向城市学校、从粗放式管理向精细化管理的转变，已经具备了可持续发展的软实力——班子有领导力，管理有执行力，制度有运行力，师生发展有爆发力，学校内部有凝聚力。

但我们深深地感受到，要进一步发展和提升教育软实力，就应认真设计，转型发展，重点向课程的开发力、实施力、文化力上转移。我们必须准确地把握教育软实力建设的内涵和核心，把软实力建设运用在我们的教育教学实践中，聚焦于素质教育的深入推进中，体现于教学信息化和教育现代化的结合中。

教育需要什么样的情怀

——江苏省锡山高级中学游学记

2013年4月9日，我们在泰州市教育局万琳副局长的带领下前往位于无锡市的锡山高级中学进行考察学习。虽然我们只在这所学校待了短短半天，但是它给我们留下的印象很深。有的人说这是一所花园学校，有的人说这是一所田园学府，有的人说这是一个文化上古今统一、建筑上人与自然和谐、课程上中西合璧的精神家园，但留给我印象最深刻的是其超越现实、印迹厚重的校本课程文化，这充分体现了该校校长唐江澎在办学上的教育情怀。

一、同样的变迁历史，不一样的办学精彩

与我校一样，锡山高级中学10年前同样是一所农村中学，生源同样来自农家，可课程改革的大潮使这所学校的课堂、课程、师生的生命状态在悄然间发生了革命性的变化，该校一跃成为全国瞩目的课程改革样本校。教育部多次指定该校在全国重要会议上介绍经验并承担多项国家级培训任务，还先后10余次组织全国500多所课程改革样本校的校长到该校考察。

究其原因，锡山高级中学的唐校长有着崇高的价值追求。他在介绍中主要强调以下两点。

一是要搞真教育，不搞假教育。唐校长认为，看待教育和发展教育必须具有百年尺度和世界广度，不能将眼光局限在一个小范围内。如今，许多学校只为了眼前的、暂时的利益大搞形式主义，表面上热热闹闹、轰轰烈烈，实际却不能真正促进学生的发展。他强调，校长要时刻反思：学校办的是不是真正的教育？是不是真正面向每一个学生的教育？

二是要搞正教育，不搞反教育。他举了个例子，某学校的教室贴的都是学生以血写下的口号“北大，老子跟你拼了”，然而，一所学校能有几个考取北大的学生呢？他认为，我们的学校、家庭、社会都在以强大的力量让学生走向极端，他鄙夷这种现象。他主张“九一八”让学生唱国歌，以培养学生的舍身为国的精神；他主张运动会要培养学生的爱国精神，让各个班级以我国的岛屿命名，有的班级命名为“南沙群岛”，有的班级命名为“钓鱼岛”；他主张教育要让学生具备健康的体魄、丰富的情感、高

尚的精神品质和较强的实践能力，尤其要让学生成为“精神的贵族”。

此次游学，令我进一步地悟出了办学、教学、升学的真谛所在，以及办教育需要具备一种什么样的情怀。

二、同样的课程实施，不一样的课程体系

课程改革虽已实施了多年，但我总感觉许多学校还是停留和纠缠于国家课程的“齐、全、足”上，而实际上到头来还是疑似“不齐、不全、不足”。锡山高级中学从20世纪90年代开始就与华东师范大学课程专家团队合作，系统探索校本课程的开发、管理与技术规范，拥有了一流的校本课程，被誉为“大陆校本课程的发源地”。

我认为，也许我们可以用1年的时间学习锡山高级中学的硬件建设，但可能要用5到10年的时间学习其课程文化建设。唐校长介绍说，他们用85%的时间搞学科课程建设，面向高考；用15%的时间搞校本课程建设，面向全体学生的全面发展。锡山高级中学追求的是学生情感丰满、美感激荡，各类体验性综合艺术课程百花齐放；首次尝试开设北大先修课程，让大学课程进入高中；将哈佛大学辩论证书课程引入校园，改变了英语教学以词汇积累为主要学习内容的状况；引进澳美优飞国际高中课程，让部分学生进入国际高中预科；与中国人民大学合作共建江南国学教育实验基地；请来耶鲁大学、哈佛大学、剑桥大学等世界一流名校的教授走入校园；设置六门限选类课程（包括创业设计、团队领导、合唱、演说、形体、国学基础）和六门任选类课程（包括心理教育、生活技能、特长爱好、科技前沿、社会纵横、大学先修课程）。不难看出，他们的课程建设走的是国际课程引进、学校特色开发和与高校共建的路径，真正实现了他们在2000年前提出的从选修课和活动课走向特色校本课程的梦想。

通过这次游学活动，我进一步感受到，随着教育的国际化和信息化的到来，基础教育要改革，应从课程的变化开始，这需要校长的大胆实践和开拓创新。

三、同样的教学管理，不一样的教育哲学

锡山高级中学的教育哲学是“谦恭厚重，大气恢弘”，这一教育哲学明确了学校有什么样的教学理想，有什么样的人才培养规格。该校的办学方向是办与无锡经济与社会发展水平相一致的教育。

锡山高级中学的领导班子包括三位：除了唐校长外，一位是抓教学的执行校长，一位是抓党务的副书记。班子高效精干，管理有条不紊，每年都有来自全国的70多位校长来校“蹲点”学习。我不免对他们的学校管理和教学管理产生了兴趣。经观察，我发现他们在学校管理上做到了“三个重视”。一是重视教育科研在课程改革中的引领作用，他们派遣了10名相关专业的教师前往北大学习，首次开设的北大先修课程涉及微积分、电磁学、大学化学、中国古代文化、中国通史五门大学课程。这些课程可供学有余力的学生进行研修，进而提升学校的教学文化。二是推进“百万百卷”工程，即学校投入一百万资金，实现教师阅读一百本专著的目标，从而打造一流师资，营建教研文化。三是重视学校教育的国际化、特色化和多样化建设。他们从哈佛大学引进辩论证书课程，引进澳美优飞国际高中课程，还组织教师研究澳大利亚国家课程开发的八大学习领域和七种能力，从而凸显课程文化。

从锡山高级中学的通用技术实验室中学生动手操作的遗留痕迹和墙上张贴的通用技术课程项目到别具一格的戏剧表演厅和辩论演讲厅，从统一的集体备课专用会议室到与众不同的教室都可以看出，他们的教、学、研、读是务实高效的。

为此，我深刻地认识到，我校在管理的体制上还可以突破，在教学的研究上还有空间，在师资队伍的打造上还有文章可做。

总之，教育者需要一种悲天悯人的教育情怀，需要精准的眼力、前瞻的眼光和辽阔的眼界，更需要一定的底气、一定的勇气和一定的锐气。

办学需要什么样的境界

——台湾访学反思

在台湾访学期间，我们去过多所大学、高中、初中，学校校长的兴奋点、自豪点多在于其办学的国际化程度、文化传承的深度、品格教育的力度、课程开发的广度、学生发展的幅度等，他们向我们展示的多是其学生在各种国际比赛中取得的辉煌成果。观其课堂教学，教师有视界；观其学校办学，校长有境界。虽然台湾教育也有很多不足，如低薪“钟点教师”流动率高，学生不适应，教育资源既寡又不均等，但仍有许多可取之处，尤其是在管理方面、教学方面和课程方面。

一、要建立职权统一、责任至上的管理文化

我十分佩服台湾学校的管理机制，管理人数少但效率高，管理的事情比我们的多而杂但效果好，这与校长的魅力、情怀和境界有一定关系。

我们访问台北市立景美女子高级中学（以下简称“景美女中”）时，恰逢校长林丽华在日本出差，由教务主任吴龚辉全程接待。该校学生共有2400人，教师只有154人，主科教师每人任教4个班，教师可以依据自己的健康程度和教学能力的具体情况来决定何时退休。

高雄师范大学附属高级中学的校长是位大学教授，每周有9节高雄师范大学本科生的课，其所在的附属高级中学只有一位校长助理。我们巡访其教师办公室，看到作为班主任的数学教师在认真批阅学生的生活周记，英语教师的办公桌上摆放着学生的试卷，试卷最后的作文，学生短短的三行英文每一行都被教师修改了一次，分别扣2分、扣1分、扣2分，可见教师的细致认真；巡访其图书馆，接待我们的主任津津乐道地介绍了他们是如何把图书馆创造成学生温馨的家园和精神的乐园的。

试想，如果学校没有科学的内部管理，怎么会那么有条不紊、井然有序呢？如果学校内部没有职权统一、责任至上的责任分工和科学的考核监管机制，怎么会产生那种和谐的管理文化呢？我觉得他们的管理是有了一定的境界后才积淀成管理文化的。

二、要探索立德树人、科学前卫的教学文化

我们在景美女中观摩了高一仁班的英语课堂教学，可以看出其独特的教学文化特点。

1. 品格教育成为品牌

高一仁班的教室中，黑板右边的墙上张贴了班级公约，明确了到校时间为7点30分，规定学生应保持整洁、尊敬师长、体现气质等；黑板左边的墙上贴有小贴士，如“记住刷卡哦”“未交试卷得0分”等。在学生的英语课本上，首页标明了学习要求，包括准时到班，上课不接手机，保持书桌整洁，要做家庭作业等。后来听教务主任介绍，品格教育是他们的品牌，更是他们一直追求的境界。他们曾派出学生志工团去斯里兰卡进行海啸救灾；每年的9月28日，他们都要精心准备和组织学生参与孔子诞辰的祭典大礼，传承中国传统文化。此外，他们的品格教育还包括社区送暖、环保净溪、生命体验等。

2. 作业检查成为必需

我们是中秋节一过就去访学的，高一仁班的中秋节英语作业是阅读英文原著 *The Happy Prince*。上课一开始就对学生的作业进行检查，作业检查采用了小组交流、小组汇报、小组提问、教师归纳等方式，深化了学生对原文的深层次理解。他们还注重当堂练习、学生参与、课后作业布置等环节，增强了教师和学生的责任意识，提高了学生的学习效率。

3. 信息技术成为“流行”

高一仁班的英语课讲的是 Body Talk，教师将每四名学生分成一个小组，每个小组发两个 iPad，让学生利用 Google 搜索并在专项信息纸上填上不同国家手势语言的不同含义。原来，他们是在执行“智慧教室”实验计划，全面实施 E-Teaching 教学。

英国预言家 Yvonne Ryan 曾说，数字技术（digital）、在线操纵（online）、泛在直播（live）是2014年的信息主流，iPad 视频、Google 下载、Facebook 运用是2014年的潮流。E-Teaching 教学带来的教学方式的变革和学习方式的变革将是我们的必经之路，信息化的教学文化将是我们前进的方向。

三、要开发差异发展、彰显个性的课程文化

在台湾访学期间，我发现有两所学校都提出了同一个口号：培养仁爱为怀青年，打造人人成功校园。通过交流，我才正确地理解了“人人成功校园”的确切含义。他们所说的“人人成功校园”指的是“a school without failure”，即没有失败的校园。对教师来讲，每个学生都很重要，每件事情都很重要，所有员工都要负起自己的责任；对学生来讲，每个人都有自己发展的方向，要认真规划和努力进取。

另外，台湾的每所学校都在积极地开发能使学生差异发展、彰显个性的课程，多样化的课程形成了各个学校的课程文化。

高雄师范大学附属高级中学有选修课程 30 多门，特色班 2～3 个，如语文资优班、高瞻科技班、美术实验班等。第二外语课程有 4 种，每年暑假都有学生赴德国、日本、法国、澳大利亚等国游学。学生社团有 46 个，其中综合性社团有 13 个，学术性社团有 10 个。特色队伍有拔河队（曾获世界冠军、亚军）和导仪旗队（曾参加过 2010 年上海世博会表演、2013 年韩国表演、2015 年美国表演）。

景美女中在特色班级的设置上更加具体。他们有欧语精进班、日语精进班、数位创意研究班、国际人才班、财经计算班、科学探究班、社会文化探究班、数理资优班等。学生活动分为学术活动、艺文活动、体育活动和学习活动：学术活动瞄准国际奖项；艺文活动主要培育优秀作家和时代青年，通过朗诵体现学生的涵养和文学气质，通过音乐比赛体现学生的声音之美；体育活动包括马拉松、水上运动、篮球比赛、排球比赛、桌球比赛、拔河比赛等，活动时间总在每次段考之后，以调剂身心，凝聚班级向心力；学习活动聚焦的是多元探究学习、团队学习和志工学习。通过观察，我发现他们的活动已经课程化，他们的课程满足了学生差异发展的需要，他们的评价衍生了特定的课程文化。

此次的台湾访学令我受益匪浅。我们都知道，教学是学校的中心工作，但现在谈及教学，往往还是片面指向于升学，很少有人关注办学，关注课程，关注教学方式的变革。其实，校长的主要工作就是在办学、教学、升学之间实现良性互动。如果真要把学校办出境界来，不管在一所什么样的学校，都要让学校和谐、灵动、有内涵、有智慧，让平凡的

学生也能绽放人生的精彩。尤其要注意，境界的焦点不在于正误，正确的东西不等于有境界。现在，有人提倡特色办学，有人提倡文化办学，不管是哪一种，办学的境界在于尊重教育的自然差异，追求高效的个性发展，尊重人、培育人、塑造人才是教育的根本归宿。

冲破传统教研模式　创新学校特色建设

过去，我校教研的中心任务只是升学。近年来，我校改革创新，与时俱进，着力建构主体参与的教学文化、德育文化和管理文化，重建符合学校发展需要的教研模式，强化教科室的功能，使学校真正走上“以德立校，管理强校，教研兴校”的发展道路。

一、更新理念，明确教研工作的新方向

1. 定准教研基点，推动教师专业成长

教研的落脚点是提升教育质量，但促进教师的发展同样是教研的重要任务。我校组织教师积极投身课程改革，建构主体参与课堂教学模式，从师资培训、学案编写、说课赛课、论文撰写、课题研究、课程开发等方面入手，提升教师的专业素养。我校先后有50多位教师在省、市级优质课评比及说课竞赛中获一、二等奖，每年都有上百篇论文在国家、省、市级刊物上发表或在各级各类评比中获奖，全校80%的教师参加了国家、省、市级课题研究。最使我们感到自豪的是，我校通过教师竞聘上岗的方式，成功地开设了研究性学习课程，这对教师的专业成长起到了积极的推动作用。

2. 定准教研目标，推动学生全面发展

教研工作的着眼点不只是为了促进学生文化成绩的提高，而是要关注学生文化素养和人文精神的提升，以及自主管理能力和创新能力的增强。如何让学生在学校中幸福成长、全面发展已经成为我校研究和思考的重要课题。我们主要通过对综合实践活动课程、课堂教学模式及德育文化建构这三类课题的研究，让师生全面参与，使学生全面受益。

近年来，我校绝大部分学生都选修了综合实践活动课程，开展了20多项课题研究，其中有10多项研究获得了国家级成果展评一、二等奖。我们对课堂教学模式的研究与实践使学生乐学、爱学、善学，达到自主学、合作学、高效学的程度，从而学有所得、学有所长、学有所创。主体参与的德育文化建构课题研究凸显了班会自主、社团自主、管理自主的自主德育特色。

3. 定准教研抓手，推动学校课程实施

推进课程改革的难点在于开发校本课程。我校明确了课程建设与课程实施的目标，实现了教师的教学与教研、课堂教学与课程开发、目标管理与绩效考核的有机结合。我校初中部以“三进”工作（包括普通话进校园、书法进课堂、诵读进教材三项）、体艺“2＋1”活动、综合实践课程等为突破口，高中部以传媒艺术、医药保健、国际 A-level 等特色课程及研究性学习等品牌课程为重点，自编校本教材 20 多本，丰富了学生的选修课程。特别是继我校国家级子课题“综合实践活动课程学校实施策略研究”顺利结题且科研成果获得总课题组评比一等奖之后，“综合实践活动课程校本资源开发研究”课题研究紧接着便开展起来，这大大促进了我校综合实践活动课程的实施。

二、创新形式，建构教研工作的新体系

1. 聚焦课堂，探索主体参与课堂教学模式

我校响应泰州市教育局“减负、提质、增效”的号召，成功探索出一套适合我校校情和学生学情的主体参与课堂教学模式。自此，学生的自主学习意识明显增强，合作探究能力不断提高，教师教学的有效性日益显现。继 2009 年在江苏省课程改革经验交流会上进行交流之后，这一模式在省内外产生了强烈反响。近两年，我校先后有 40 多位教师分赴苏州、无锡、镇江、兴化等地送课与交流学习，我校教研组长在市直学校“说课程”竞赛中获团体第二名，10 多位教师在省、市级各类优质课评比中获一、二等奖。

为研究、推进、完善这一模式，我校申报了“‘主体参与’课堂教学模式研究与实践”的市级课题，编印了多本关于主体参与课堂教学模式的论文集，还即将正式出版相关论文和教学案系列专辑及实录光盘。

为了继续提升这一模式的研究水平，我校多次邀请江苏省教研室鞠文灿主任、清华大学附属中学赵谦祥教授、教育部综合实践活动课题组冯京广教授等省内外专家和领导到校进行培训和指导，并继续申报了“高、初中农村学校大班条件下‘主体参与’课堂教学模式实践研究”和“基于合作学习的课堂公平研究”两项国家级子课题。

2. 面向学生，营建主体参与校园德育文化

目前我校的主体参与课堂教学模式研究已经转向了对主体参与校园文化建构的研究，其中的亮点之一就是聚焦德育，进行主体参与德育文化建构研究。我们在注重学生自主学习能力培养的同时，更加重视学生的自主德育，从学生的生活、学习实际出发，通过贯彻自主、合作、探究的理念，让学生在班会、社团、宿舍管理等方面形成自我管理、自主学习的高度自觉。我校的“‘主体参与’校园德育文化的建构”市级课题开题以后，我们的研究始终指向引导学生自主发展、合作探究和自省自律，其表现形式既在课内，也在课外。我校的浪花文学社、梓桐园艺社、宿舍管理联合会、兴泰篮球队、动感合唱团等多个学生骨干社团自主开展社团活动，异彩纷呈，使学生解放了自己，获得了快乐。

通过主体参与德育文化建构研究，我校学生的自主德育得到体现，道德实践得到保证。我校廉洁文化进校园活动周的自主筹备、中午寄宿生教室的自主管理、浪花文学社远赴浙江绍兴鲁迅故居采风时家长的支持，都让我们深切地感受到自主德育的力量。

3. 立足长远，实施主体参与课题牵引战略

学校的教育科研必须与课程改革的步伐一致，“领导挂帅，群体参与”是我校课题牵引战略的突出表现。在学校课题研究中，校长为我校总课题第一责任人，每个教研组根据学校总课题，结合学生的年龄特点及任教学科确立子课题，制订子课题实施计划，由教科室牵头实施，将课题研究重心下移到教研组，建立起一支由教学一线骨干教师组成的精英研究队伍，带动全体教师共同进行课题研究。

我校现有国家级子课题 5 个，省级课题 1 个，省级子课题 5 个，市级课题 10 多个以及一批校级课题。全校的教研氛围实现了由研究课堂向研究课程的转变，由“论文撰写热”向“课题参与热”的转变，由封闭探究型向开放交流型的转变。

三、凝成文化，开创教研工作的新局面

1. 以教研工作的常态化促教学工作的精致化

为使教研工作常态化，我校建立、健全了教育科研规章制度和奖励机制。学校定期组织教研培训学习，增强教师的科研意识；定期召开课题组

例会，实现课题活动与备课活动、课题例会与备课例会一体化；加强课题档案管理，注重过程性材料的积累和完善，特别是督促和规划课题的结题工作。

目前，我校已从课表、课务、课堂、课程等方面进行了精心筹划，为教研工作提供了较好的机制保障。凡有利于学生发展的课程，经过学生自主选择后，均被纳入学校工作计划，排进课表，计算教师工作量，激励教师开展研究，以适应学生的多样化发展的需要。

为了抓实教学精致化管理，我校的备课重点是教学案的编制，上课重点是主体参与课堂教学模式的落实，实验教学重点是实验教学计划的公示和执行，学生辅导重点是抓实校本化练习的使用。我们通过巡课、随堂听课、公开课、示范课等形式，开展常态教研活动，推进教学工作的精致化管理。

2. 以强调合作意识提升师生的信心和学校精神

随着学校的不断发展，教育教学分工更趋精细，合作显得更加重要。教师之间要通过相互学习、集体备课、组建研究共同体等方式，营造尊重合作、乐于合作、善于合作的研究氛围，借助集体的智慧碰撞和群体的思想交流，促进个体认识的纵向深入和横向拓展，使研究成为一种意识和习惯。

我校注重以课堂上的小组合作和师生研讨环节来培养学生的合作精神和创新意识，增强他们的学习信心；注重鼓励学生参加一系列校内外活动，来强化团队精神。我们的教育科研氛围影响到了学生，学生成功地自主举办了多届校园文化艺术节，获得第五届中国青少年创新大赛团体银奖，泰州市中学生运动会“三星级”高中第二名，全国青年奥林匹克运动会知识大奖赛泰州赛区第二名等。

3. 以打造教师发展平台促进教研的可持续发展

我校通过党员示范课、说课比赛、主体参与课堂教学模式和德育创新模式主题论文评比等活动，提高教师的教学基本功和教研能力；利用我校的教师QQ群及课题研究QQ群、校园网、泰州教育网共建共享资源平台和数字化校园建设平台等，鼓励教师通过相互交流、制作个人主页、开设个人博客等方式展现教研成果和课题研究过程，促进教师的发展。

我校通过积极承办省、市级教研活动，为教师创造学习机会。近两年，我校先后承办了省级音乐教研活动、泰州市教学星光大舞台、泰州市高中数学优质课评比、泰州市物理教师基本功竞赛、泰州市市直学校体育教师优质课评比等活动。仅 2010 年，我校就承办省、市级教研活动多达 10 次，2010 到 2011 年我校接待特级教师到校上课 60 多人次，有力地促进了学校的教研工作。我校还先后派出 200 多人次参加国家、省、市各级培训，每年都有多名教师赴国外研修学习，这使教师的思想观念、教学理念、教研方向都得到了及时调整和更新，为下一步的教研工作打下了基础。

通过努力，我校在教育科研方面取得了一定的成绩。2008 年 9 月，我校被泰州市教育局命名为“泰州市教研改革实验基地”；2009 年 1 月，2010 年 2 月，我校先后两次被评为“泰州市教科研先进学校”；2010 年 3 月，我校被评为“江苏省基础教育改革先进集体”；2010 年 9 月，我校被教育部综合实践活动课题项目组评为“推进综合实践活动课程资源开发与实验先进学校”；2010 年 12 月，我校被评为“2010 年泰州市素质教育先进学校”；2011 年 7 月，我校获得“2011 年度中国创新教育学校”荣誉称号。

学校的教研工作是个系统工程，关系到师生和学校的未来发展。我们将带着奉献的精神、科学的理念、创新的激情去不断探究，以全新的教研理念、全面的教研体系、丰富的教研内涵，促进我校的特色建设。

以特色创优势　以创新谋发展

——泰州实验中学打造素质教育品牌撷珍

创新，一次内涵深刻、触及灵魂的变革。

创新，一个充满活力、与时俱进的话题。

我校就是这样一所以改革创新求发展的学校。

我校始建于1950年，坐落在泰州医药高新技术产业开发区，西依引江河风景区，东望园博园和高教园区，交通便利，区位优势明显。建校60多年来，我们勇于开拓进取，科学谋划发展定位，以内涵建设创特色，聚焦转型升级，致力质量提升，完成了学校发展历史中的一次次华丽转身。

过去的几年，我校在泰州市教育局的正确领导下，在学校发展规划、素质教育“5+2”工程深入实施方面主动努力，在省级课程基地建设、国家级课题研究推进、主体参与课堂教学模式建构等方面积极探索，在硬件建设、教师发展、学生成长等方面迈出了可喜的一步，全面拉开了“四星级”高中的创建序幕。

亮点一：主体参与的课堂教学文化

众所周知，“三星级”高中的生源相对薄弱。我校作为一所没有生源优势的学校，是如何培养出高素质人才的，又是如何制胜高考的呢？一切，都要归功于我校的课堂改革。

有这样一个典型的教学案例：一堂高二年级的英语课上，为了让学生快速熟悉课文生词，教师先把学生分成若干小组，让他们对这节课的生词进行简单讨论，随后教师播放一段有趣的视频，帮助学生理解这些英文单词。虽然这节课的时间很短，但是学生的参与度很高，教师不再是单纯地讲，学生也不再是单纯地听，分组讨论成为这节课最大的亮点。

改革的核心，说穿了就是要强调学生主体参与的重要性。变革教学的方式，变革学习的方式，让学生学会主动参与，学会合作交流，学会自主学习、主动学习，于是，主体参与课堂教学模式便在我校应运而生。

随着课堂改革的不断探索，主体参与课堂教学模式逐渐升华成一种教学文化，自主学习、师生互动成为课堂的一种主流习惯，师生平等、小组合作成为一种教学自然。而且，主体参与已经延伸到德育文化的建构中，学生实现了班会自主、管理自主、社团自主。主体参与的教学文化、德育文化也影响了管理思维，我校民主管理、规范管理特色明显，校园和谐程度显著提高。

亮点二：个性培养的素质教育环境

何为个性培养？何为素质教育？我校从2014年秋季学期开始，依据全市推广实施的素质教育“5＋2”工程，将主题德育、自主学习、青春活力、实践体验和未来素养五大行动与学校实际紧密结合，努力建构区域推进展示和学校微创新激励两大机制，创造性地开展工作，素质教育特色鲜明。

我校以市级德育课题支撑主题德育活动，打造班会自主、社团自主、管理自主的自主德育品牌；以获得江苏省教学成果二等奖的主体参与课堂教学模式支撑自主学习行动，培养学生的自主学习习惯；以省级课程基地医药生态园支撑学生的实践体验行动；以32个学生社团体现学生的青春活力；以信息技术兴趣活动、国际文化常态交流等提升学生的未来素养。

为了满足学生个性化的课程需要，我校语文组牵头启动了阅读校本课程，每周安排两节阅读课，将班级图书借阅量纳入班级考核中。之后，我们又在新建的综合楼内，设立了机器人创新活动室、3D模型演练室、电子百拼活动室，完善了科技创新课程；开设了声乐、舞蹈、传媒、美术、摄影等五个艺术工作室；开设篮球、足球、排球、健美操等选修课程。2015年1月6日，泰州市教育局公布市直学校素质教育“5＋2”工程建设项目名单，我校特色校本课程“智能机器人制作活动”和“大阅读校本课程的开发与实施”名列其中。

此外，在2014年高考中，我校文化类、艺术类本科达线人数均超往年，艺术类高考成绩在市直学校中名列第二。高二会考一次性过关率达99.3%，物理、地理、信息技术等学科一次性过关率100%，中考录取“三星级”以上高中的人数同比也有所增长。

亮点三：与时俱进的师资队伍建设

“师为校之本。”学校能否持续发展，师资队伍的建设是关键。我校结合学校发展实际，创新教师培养计划，为建设一支符合时代精神、德才兼备、开拓进取的教师队伍打下了坚实的基础。

2014年，我校积极组织语文、数学、英语教师参加由泰州市教育局牵头的全员培训活动，组织5名教师出国交流、培训，150多名教师赴上海、南京、苏州、无锡、江阴等地进行考察学习，149人参加了江苏省心理健康知识竞赛等各项活动，219 名教师参加泰州市教育局牵头的“泰州师说”网络培训活动，多人次获得泰州市教育局牵头的“师说微课程”一、二等奖。

我校坚持“一人一课的公开课、一周一课的听课、一科一课的课题研究”的校本教研模式，积极组织教学开放日活动。我校的 32 位教师面向来自全市的 120 名专家、同行开设了公开课，推进了主体参与课堂教学模式的改革实践。我校坚持开设师德师风建设，对有偿家教、体罚学生、乱订教辅资料等不良行为实施师德考核“一票否决制”。同时，我校还以群众路线教育实践活动为契机，全面提升了党员干部的思想作风、工作作风和管理作风。

2014 年，我校共有 229 篇论文在国家、省、市级以上刊物上发表或获奖；53 人次教师获得省、市级的各类竞赛奖或指导奖；秦春香、陈兰等成为泰州市教育局组织的“送教下乡”活动中的骨干力量；97％的教师积极参加泰州市教育局组织的基本功考核并取得良好成绩；4 位教师通过了硕士学位答辩并获得硕士学位证书。

我校还依托地域优势，奏响教育国际化的号角，积极实施人才培养国际化计划，使中外合作交流的学生教育成为学校办学新亮点。此外，我们还进一步改善了办学条件，成立了教育技术中心，完善了校内无纸化办公系统和信息化资源平台管理系统，实现了全校范围内的教室网络视频现场直播，启动了新综合楼的信息化功能运用，腾出了原图书馆 600 平方米的空间用于省级课程基地建设。

为了创办一所适宜学生成长的学校，我们正以海纳百川之心、大气开放之魄坚守素质教育。我们正乘着国家教育改革的东风，加快适应经济发展的新常态和全面服务教育的新常态。未来的泰州实验中学，必将在“四星级”高中创建中积极探索，向着建成特色鲜明、教学质量优良的优质高中大步迈进！

参考文献

[1] 曾钦泉. 自主体验型德育模式探索 [M]. 广州：华南理工大学出版社，2012.

[2] 强光峰. 让教学更生活——体验运用让学生内化知识 [M]. 重庆：西南师范大学出版社，2011.

[3] 林格. 教育就是培养习惯 [M]. 北京：新世界出版社，2011.

[4] 钟启旸. 体验式课程的教学知识 [M]. 重庆：重庆大学出版社，2012.

[5] 姜平. 学校课程开发 [M]. 北京：首都师范大学出版社，2010.

[6] 李秀伟. 唤醒情感——情境体验教学研究 [M]. 济南：山东教育出版社，2007.

[7] 沈毅，崔允漷. 课堂观察：走向专业的听评课 [M]. 上海：华东师范大学出版社，2008.

[8] 崔允漷，王少非，夏雪梅. 基于标准的学生学业成就评价 [M]. 上海：华东师范大学出版社，2008.

[9] 王如才. 主体体验：创新教育的德育原理 [M]. 济南：山东教育出版社，2004.

[10] 朱小蔓. 情感德育论 [M]. 北京：人民教育出版社，2005.

[11] 刘儒德. 探究学习与课堂教学 [M]. 北京：人民教育出版社，2005.

[12] 任长松. 探究式学习：学生知识的自主建构 [M]. 北京：教育科学出版社，2005.

[13]（美）莱斯利·P·斯特弗等. 教育中的建构主义 [M]. 高文等译. 上海：华东师范大学出版社，2002.

[14]（美）鲍里奇. 有效教学方法 [M]. 易东平译. 南京：江苏教育出版社，2002.

[15]（美）多尔. 后现代课程观 [M]. 王红宇译. 北京：教育科学

出版社，2000.

［16］庞维国．论体验式学习［J］．全球教育展望，2011（6）．

［17］严奕峰．体验学习圈：体验与学习发生的过程机制［J］．上海教育科研，2009（4）．

［18］李文君．体验式学习理论研究综述［J］．教育观察，2012（6）．

江苏凤凰教育出版社
《行知工程》系列丛书目录

系列	序号	书名	主编	定价
精彩课堂系列	1	《让学生亲历知识——主体参与下体验式学习的实施策略》	何世祥	30.00
	2	《真实的品德课》	朱淑秀	30.00
	3	《英语课堂学习共同体——新型的师生交互学习场》	杨延从	30.00
	4	《指导自主学习——初中数学学与教的研究与实践》	刘其武	30.00
	5	《玩出精彩的课堂——小学低年级教与学方式转变研究》	陶红松	30.00
	6	《让生命之花自主绽放——语文个性化教学建构策略》	商德远	30.00
	7	《从语文素养走向生命成长——小学语文读写课堂教学密码》	曾海玲	30.00
教育管理力系列	8	《缔造唯美教育——延奎小学素质教育实施策略》	易增加	30.00
	9	《让普通学校崛起的20个细节——“生命为本”教育团队成长密码》	李其玉	30.00
	10	《“走”出教育的精彩：走动式学校管理文化构建》	罗　军	30.00
	11	《校长兵法：学校管理四十六计》	皮大鹏	30.00
教师修炼系列	12	《教育，爱与宽容——教师心灵礼仪修炼》	许力争	30.00
校本研修系列	13	《校本研修资源的开发与利用》	陈朝林	30.00
	14	《校本研修与教师专业成长》	吴积军	30.00
	15	《卓越教师经典研修成长策略》	刘天宝等	30.00
	16	《特色校本课程开发范例解读》	刘永平　李秀伟 张雪梅	30.00
	17	《高效校本研修模型构建艺术》	刘素雁	30.00
	18	《走向实践的教研——中小学教育科研引领与应用》	江　敏	30.00
班级文化系列	19	《活力班级的文化建设》	胡　珏	30.00
	20	《做幸福的班主任》	吕　丽	26.00
教育家核心思想系列	21	《叶圣陶谈阅读》	叶圣陶 著 李怀源 选编	30.00
	22	《多元智能理论的本土化应用》	刘治富	30.00
	23	《大教育家最具施教力的教学思想》	白刚勋	30.00

系列	序号	书名	主编	定价
高效能教学系列	24	《高效能教师的10个好习惯（中学卷）》	张　瑾	30.00
	25	《让作文落地生根——提高写作实效的教学策略》	黄桂林	30.00
	26	《高效能作文教学5项修炼》	陈步华	30.00
	27	《高效能校长的10个好习惯》	张　勤	30.00
	28	《高效能教师的10个好习惯（小学卷）》	谢　英	30.00
	29	《高效能语文教学5项修炼》	王其华	30.00
新课程探索系列	30	《语文新课程的批判与重建》	葛桂斌	30.00
美国名师教学译丛	31	《美国名师游戏教学本土化应用：幼儿园》	（美）玛西娅 L. 泰特 著 胡珍　瞿菁　编译	30.00
	32	《美国名师游戏教学本土化应用：小学英语》	（美）玛西娅 L. 泰特 著 杨永华　张心影　编译	30.00
	33	《美国名师游戏教学本土化应用：小学数学》	（美）玛西娅 L. 泰特 著 谢艳红　编译	30.00
	34	《美国名师游戏教学本土化应用：小学科学》	（美）玛西娅 L. 泰特 著 刘丽萍　编译	30.00
	35	《美国名师游戏教学本土化应用：小学社会》	（美）玛西娅 L. 泰特 著 姜梅芳　编译	30.00
	36	《美国名师游戏教学本土化应用：小学音体美》	（美）玛西娅 L. 泰特 著 尹立志　编译	30.00
鲁派名师名校·教育探索者系列	37	《悦读立人——校园阅读文化体系构建策略》	杨世臣	30.00
	38	《教育智慧何处来——一位特级教师的思考手记》	付立金	30.00
	39	《和雅文化——校本课程的创新构建》	汤善香	30.00
	40	《让个性绽放精彩——学校课程体系整合与创生》	谢建伟　徐淑萍	30.00
	41	《让每个学生都幸福——最能润泽生命的学校文化建设》	谢建伟　张新喜	30.00
创新教学探索系列	42	《神奇的阅读教室——带学生踏上美妙的阅读之旅》	李祖文	30.00
	43	《打造有生命力的课堂 ——“两步八环节”教学模式探索与实践》	查联智	30.00
	44	《最能培养学生探究能力的课堂 ——小学科学与信息技术单元整体课程实施与评价》	李怀源	30.00
	45	《最能激发学生运动天赋的课堂 ——小学体育单元整体课程实施与评价》	李怀源	30.00
	46	《最能提升学生艺术素养的课堂 ——小学艺术单元整体课程实施与评价》	李怀源	30.00
	47	《“生命语文”探索——焕发语文生命力的思考与实践》	王自成	30.00
	48	《粘连作文教学：让习作成为有个性的自我建构》	黄瑞夷	30.00
	49	《备学式教学——在体验中建构数学思维》	单广红　范雪梅	30.00

系列	序号	书　　名	主编	定价
创新教学探索系列	50	《向着自主进发——自主教育的创新实施智慧》	朱亚红	30.00
	51	《写中学——让学习更有效的学科写作教学》	钟传祎	30.00
	52	《小学科学实验总动员 ——大科学课堂有效提升学生创新力》	江美华	30.00
	53	《小学语文单元整体课程实施与评价》	李怀源	30.00
	54	《小学英语单元整体课程实施与评价》	李怀源	30.00
	55	《小学数学单元整体课程实施与评价》	李怀源	30.00
校园生态化系列	56	《点燃学习的激情——构建校园生态化学习型组织》	杨树岳	30.00
	57	《课改突围——构建学校生态化教学体系》	杨树岳	30.00
教育新思考系列	58	《语文教育向何处去》	王　丛	26.00
	59	《教育，就是做好普通的事》	孙志毅	27.00
	60	《走出语文的偏见——让学生体悟文本的原义》	丛智芳	30.00
	61	《让语文教学更高效——批注式阅读教学探索》	韩中凌	30.00
	62	《读写互促——探寻学以致用的语文教学》	曹　龙	30.00
	63	《跳出数学教数学——用文化融通数学教学》	马建秀	27.00
名师感悟系列	64	《让心灵伴着歌声成长——22位音乐名师的教育智慧》	陈　璞	30.00
	65	《超越自我的教师——32位名师的成长感悟》	李卫东　李秀伟	35.00
	66	《心灵的守护者——19位名班主任的教育智慧》	王晓松　曲文弘	30.00
	67	《名师感悟班主任有效工作艺术90例》	符礼科	30.00
	68	《名师感悟有效教学90例》	林高明　徐玉烟	30.00
信息化教学系列	69	《巧用白板教语文——信息技术与语文教学操作指南》	蒋丽清	30.00
	70	《跨越式实现高效课堂 ——信息技术与课程整合高效教学方案评析》	陈　玲　刘　禹	30.00
教师必读系列	71	《教师必学的16堂修养课》	武宏伟	30.00
	72	《教师不可不知的教学心理效应》	叶勇军	30.00
	73	《班主任不可不知的管理效应》	奚一琴	30.00
	74	《教师不可不知的教育心理效应》	孙　媛	30.00
	75	《校长不可不知的管理效应》	谢申刚　张金豹	30.00
	76	《成为好教师的7项修炼》	王福强　李维华	30.00
	77	《如何让学生会学习》	龙　冰	30.00
	78	《如何让学生爱学习》	周震宇　许小燕	30.00

系列	序号	书　　名	主编	定价
核心教学主张系列	79	《新生代语文名师核心教学主张》	许友兰	30.00
学生心理解码系列	80	《孩子问题行为一点通 ——只有好老师才知道的学生心理谜底》	严育洪	30.00
教育求索系列	81	《思政教学的人文力量》	戴晓华	30.00
	82	《师道新说——给教育者的30条箴言》	徐　卫	30.00
行思讲坛系列	83	《灵动而朴素地教语文——潘文彬的微格教育生活》	潘文彬	30.00
	84	《师爱无疆——润泽学生心灵的教育故事》	侯忠彦	30.00
	85	《怎样反思更有效——促进教师专业发展的反思策略》	诸贝贝	30.00
	86	《成为高度自觉的教育者——写给后课标时代的数学教师》	许卫兵	30.00
	87	《哲思数学课》	刘全祥	30.00
	88	《智慧数学课——黄爱华教学思维的实践策略》	黄爱华	30.00
	89	《童趣数学课》	徐芳	30.00
	90	《把学生教聪明》	严育洪	30.00
	91	《教师最应该规避的教育误区》	杨坤道	30.00
	92	《用语文的方式教语文——潘文彬教学主张与实践智慧》	潘文彬	30.00
	93	《怎样让阅读教学更有效 ——提升教学能力的十种读诵模式》	汪秀梅	28.00
	94	《让生命在润泽中起舞——当代小学生最需要的主题班会》	吴联星　罗　琳 冯卫东	30.00
	95	《让生命欢快拔节——当代中学生最需要的主题班会》	冯卫东　吴联星	30.00
	96	《课堂因生成而精彩——高效教学的生成智慧》	张文质	30.00
	97	《回到每一个人的生命化教育 ——张文质二甲中学教育行动录》	张文质	30.00
中国教育变革之路丛书	98	《百年树人师何为——教师队伍建设困顿与出路》	将丽珠　李玉向	30.00
	99	《入园何时不再难——学前教育困惑与抉择》	曾晓东 范　昕　周　慧	30.00
	100	《三尺书桌何处寻——流动人口子女教育困难与破解》	范先佐	30.00
	101	《苦旅何以得纾解——高考改革困境与突破》	郑若玲	30.00
	102	《择校纠结何时了——择校问题困局与治理》	曾晓东　周文海 曾娅琴	30.00

系列	序号	书　　名	主编	定价
创新教学思想系列	103	《“大问题”教学的形与神》	黄爱华　张文质	30.00
校长领导力系列	104	《高品质学校生长要素》	王益民	30.00
	105	《校长高校教学领导力提升策略》	徐世贵　郭文智	30.00
教育漫笔系列	106	《课堂，诗意地栖居》	吴书华	30.00
新思维系列	107	《教育中的“不一定”——打破教育的19种思维惯式》	严育洪	30.00
教学提升系列	108	《有思想地教阅读——让学生学会品读文字真意》	王学东	30.00
教育艺术提升系列	109	《藏在师生体态语言里的教学智慧》	张　宇　廖生波	30.00
教学全手册系列	110	《小学习作教学全手册》	郭家海	30.00
	111	《中学写作教学全手册》	郭家海	30.00
	112	《情境教学操作全手册》	冯卫东	35.00
	113	《合作教学操作全手册》	李春华	35.00
	114	《探究教学操作全手册》	周新桂	35.00
	115	《自主教学操作全手册》	诸葛彪	35.00
	116	《创新教学操作全手册》	王　玮	35.00
	117	《班主任工作全手册》	刘沛华	35.00
	118	《新教师工作全手册》	周震宇	35.00
	119	《学生心理健康教育全手册》	刘海莉　刘春杰	35.00
	120	《高效教学操作全手册》	马友平	35.00
教育思想者系列	121	《教育，一切从孩子出发》	黄　俭	30.00

系列	序号	书名	主编	定价
创新人才培养系列	122	《创新人才培养校园科普精品课程开发与指导——人大附中创新人才培养》	罗　滨	30.00
	123	《创新人才培养特色校本课程开发与创新人才培养——清华附中“国际安全下的科学技术”课程构建与实施》	王殿军　方　研 赵宏雁	30.00
	124	《创新人才培养：学校实验室建设与管理》	刘克文 杨发丽　杨　平	30.00
	125	《创新人才培养：数学探究活动开发与指导》	马云朋　韩继伟	30.00
	126	《创新人才培养：化学研究活动开发与指导》	王　磊	30.00
	127	《创新人才培养：物理探究活动开发与指导》	廖伯琴	30.00
	128	《创新人才培养：地理探究活动开发与指导》	张建珍　陈　澄	30.00
	129	《创新人才培养：生物探究活动开发与指导》	张迎春	30.00
	130	《创新人才培养：理念探索与思维突破》	王晶莹	30.00
新生代通派名师系列	131	《简约数学教学》	许卫兵	30.00
	132	《语文教学的本真——情意课堂展现母语之美》	吴建英	30.00
	133	《语文课堂的理想追求——欢快达成三维目标》	董一红	30.00
	134	《阅读教学的真髓——意象构建读出文学的真美》	祝　禧	30.00
	135	《美术教育的真谛——审美人生教育让生命绚丽成长》	陈铁梅	30.00
	136	《语文教学的理想境界——无痕教学润泽生命》	李　凤	30.00
	137	《儿童作文的本义——嬉乐作文让儿童乐并成长着》	王笑梅	30.00
	138	《名师是怎样炼成的》	王建明　王笑君	35.00
幼师成长系列	139	《幼儿行为背后——教师如何读懂幼儿的心思》	吴亚英	30.00
	140	《最具教育力的 22 种幼儿教育思想》	杨　达	30.00
	141	《幼儿教师必知的安全应急措施》	杨　达	30.00
	142	《幼儿教师必备的教育技能》	李　玲	30.00
	143	《卓越园长 21 条幼儿园管理策略》	周　丹　江东秋	30.00